业内典范 | 良心巨作 | 行业标杆

金融科技投资一本通

赵增奎 著

上海财经大学出版社

图书在版编目(CIP)数据

金融科技投资一本通/赵增奎著．—上海：上海财经大学出版社，2020.4

ISBN 978-7-5642-3438-6/F·3438

Ⅰ.①金…　Ⅱ.①赵…　Ⅲ.①金融投资：手册　Ⅳ.①F830.59－62

中国版本图书馆 CIP 数据核字(2019)第 289072 号

□ 特约编辑　孙　嘉

□ 责任编辑　石兴凤

□ 封面设计　贺加贝

金融科技投资一本通

赵增奎　著

上海财经大学出版社出版发行

(上海市中山北一路 369 号　邮编 200083)

网　　址：http://www.sufep.com

电子邮箱：webmaster@sufep.com

全国新华书店经销

上海叶大印务发展有限公司印刷装订

2020 年 4 月第 1 版　2020 年 4 月第 1 次印刷

710mm×1000mm　1/16　14.75 印张(插页：2)　210 千字

印数：0 001—3 000　　定价：68.00 元

序言一

与前几年火热的互联网金融相比，金融科技似乎更体现了新金融的本质，即金融与科技的全面融合。金融稳定理事会（FSB）于2016年初对“金融科技”做出了定义，即金融科技是指技术带来的金融创新，它能创造新的业务模式、应用、流程或产品，从而对金融市场、金融机构或金融服务的提供方式造成重大影响。从这个角度看，“金融科技”更多的是从技术进步这个角度来看的，“互联网金融”则主要是从某些具体的场景、模式角度来说的。事实上，央行的金融科技“三年规划”也延续了这一概念的界定。在某些具有过渡性质的互联网金融模式中，用户的风险不确定性更大，加之领域的欺诈事件高发，因此更需要回归金融科技创新与发展的主线，既促使普遍提升风险管理水平，又为新金融行业“正名”。

未来，金融科技将是助力经济转型和金融业升级的重要因素，这几乎已成为共识。金融作为经济活动的“血液”，将在人工智能、大数据、云计算、区块链等技术的影响下，变得更加畅通和高效，当然也有挑战。例如，面对大数据和小数据，金融活动如何管理和发掘数据的价值，使之提高和实现金融活动效率与经营业绩；更加低成本、便捷、安全、智能地提供个性化的金融服务，而不仅仅是“冷冰冰”的金融产品“流水线”；利用线上系统迭代与人工智能的深度学习功能，不断地优化金融运行的内在“升级”能力；利用大数据加区块链的分布式技术演进，真正实现信息的互联互通以及信用合约的智能化，提升金融交易的效率；减少金融活动中的沟通、协调、交易成本，改变原有金融产业链的分工模式，使“令人生畏”的金融巨头不再那样“难以触及”。

谈到金融科技，我们不能限于科技自身，而是应该着眼于金融科技所涉及的业务与功能，更关注主流金融体系之外的一些金融科技创新活动。新兴科技创新业务活动包括支付清算、投资管理、市场设施、存贷款和资本筹集类，都存在着一些大量的创新活动，孕育了一些投资机会，值得我们探究。

虽然也存在问题与泡沫，但不可否认的是，在全球金融科技浪潮中，中国已成为领航者之一。根据不同机构的统计，目前在全球金融科技领域的投资总额中，中国位于前列。种种事实表明，金融科技的热潮在全球涌现，并在中国快速发展，吸引了社会各界的积极关注。

金融科技变革，也带来了大量的投资机会。但是由于金融科技发展时间短，普通大众对此缺乏认识，或者被“挂羊头卖狗肉”的创新欺骗，或者错过了投资机会。目前，金融科技的深度发展、移动互联网的快速普及，已经给老百姓的个人投资方式带来巨大改变。金融科技在安全的前提下让普通人对“钱袋子”的管理更加科技化、智能化。

《金融科技投资一本通》一书从主流的金融科技业务形态出发，深入分析了第三方支付、P2P 网贷、网络众筹、互联网理财、智能投资、互联网保险、数字货币七大业务形态的商业模式，介绍了每种产品或模式的投资过程中所面临的风险，并对每类金融科技产品的投资机会给予了明确的提示，具有非常重要的现实意义，值得读者认真阅读和实践。

本书作者一直深耕金融科技行业，无论是理论层面还是实践层面，对金融科技都有很多深入的思考，并取得了卓有成效的成绩。作者将自己在工作一线的实践和思考融入本书，总结出很多实用、有效的金融科技投资小技巧，可以帮助投资者规避风险，做好投资管理。

最后，祝更多读者能在本书的阅读中获益！

中国社会科学院 博士生导师 金融科技专家　杨涛

序言二

《金融科技投资一本通》是一本值得一读的书，感谢笔者的用心成文，也感谢能与我分享并给予做序言的机会。

笔者深耕金融科技领域，具有专业的理论基础和丰富的实践经验，其将多年所学所悟结集成书，从主流的金融科技业务形态出发，深入分析了第三方支付、P2P 网贷、网络众筹、互联网理财、智能投顾、互联网保险、数字货币七大主流业务形态的商业模式，介绍了每种产品投资过程中所面临的风险，并对每类金融科技产品的投资机会给予明确的提示，具有重要的现实意义。

我与笔者同在金融科技领域深耕多年，应该说，金融科技的发展革新了金融行业的发展。首先，金融科技改造了传统金融业务的流程。银行创新业务，利用数据分析扩展了银行信贷服务范围、降低了信贷成本。其次，金融科技催生了全新的金融服务模式，比如第三方支付的发展改变了传统银行的支付体系，智能投顾形式的涌现，个人网络借贷和众筹模式的兴起，区块链技术在金融资产交易上的运用等。再者，金融科技带来的最高层次的改变可能是整个货币体系的变革。2008 年国际金融危机爆发后，中央银行的声誉及整个金融体系的信用中介功能受到质疑，在此背景下，有人提出比特币的构想，随后各种私人数字货币涌现。目前，许多国家央行正在开展法定数字货币试验，法定数字货币的发行将是现代货币发行机制的重大创新，势必会对社会支付体系、金融市场体系、货币政策传导机制产生深远的影响。

我相信，存在即合理，哪怕是阶段性的合理。金融科技行业是在弥补传统金融业无法满足市场需求时应运而生的，但同时，其发展也为金融行业带来了全新的风险表现。我们知道，金融科技风险本质上依旧是金融风险，只不过因新兴技术的应用，呈现出了全新的特点。应该说，做坏事的是人，而并非是技术；反之，将技术用好了则有助于对金融风险的管理和防范。比如，利用大数据、人工智能和云计算可以构建高效、实时、智能的系统性风险监测、预警和管理体系，提高宏观审慎监管效率，有效防范金融系统性风险。

金融科技行业在中国落地生根的过程中有机遇，也有挑战。当我们将视野放宽，会发现其实每个行业都存在发展的不确定性及与之逐步匹配的规范、规则，都需要给予一定的时空尝试。风暴给行业的升级转型提供了契机，不破不立，这是发展的必经之路。

求木之长者必固其根本，欲流之远者必浚其泉源。做企业如此，做学问亦如是。相信大家会从此书中受益匪浅，但我更希望的是，掌握一定的投资知识只是我们的目标之一，更值得追求的是这个不断探索、不断攀登从而塑造出更好的自我的过程。

上市公司 微贷网 董事长　姚宏

2020 年 3 月 1 日

前言

2013年，余额宝的出现掀起了金融科技浪潮。随后各类宝宝产品、P2P网贷、股权众筹、互联网理财等金融科技业务接踵而至，各大金融科技平台如雨后春笋般不断涌现。随着金融科技行业的生长，金融风险不断积聚，2015年底e租宝事件引爆了行业地雷，引发了社会各界的高度关注。随后国家相关部门迅速出台相关政策，收紧行业，进行风险整治。经过一段时间的风险整治，目前金融科技行业逐步进入规范整顿阶段，并已经基本出清，风险大大释放，部分平台已经进入平稳运行阶段。可以说，现在正是参与金融科技的最好时机。

由于金融科技和“钱”很近，因此一直受到社会各界的高度关注，一直是产业中的热门领域。但是由于金融科技发展时间短，创新速度快，加上行业风险不时爆发，依然有很多朋友认为金融科技是“看不见、看不懂、跟不上”，以至于他们错过了投资机遇。其实我们只要花费极少的精力、极低的投入，就可以通过金融科技极大地提升自身的财富自由度。金融科技通过互联网、移动互联网开展业务，学习成本很低，只要你愿意，通过一台电脑或是一部手机就可以开展金融科技投资，就能在时间、精力付出很少的情形下每月为自己增加一定的收入。

本书就是针对这一市场需求而出版。由于我本人一直从事与金融科技相关的工作，从早期的金融科技创业者、从业者到现在的投资人，一直围绕金融科技行业从不同的角度开展工作，因此不时有朋友来咨询我与金融科技产品投资相关的事宜。为了统一、全面地解答朋友的疑惑，帮助更多人认识金融科技，投资金融科技，受益于金融科技，是本书写作的初衷。

目前很多年轻人都在积极寻求财富，尤其是“80后”“90后”，都在梦想财务自由。可是到底做什么才能实现财务自由呢？实现财务自由，怎么可能一蹴而就呢？与其常常梦想财务自由，不如认认真真地学习投资，充分了解金融科技的发展，找到适合自己的投资领域，投身其中，慢慢实践。针对金融科技的投资，其实只需你投入一点本金，努力学习，就可以为你每个月带去几百元到上千元的投资收益，这才是迈向财务自由的正确方向。

本书在写作思路上贴近市场，帮助读者近距离地看清金融科技行业，利用投资的眼光，抓住金融科技市场的投资机遇，让他们慢慢变富。目前，本书对第三方支付、P2P网贷、网络众筹、互联网理财、智能投顾、互联网保险、数字货币七大主流的金融科技业务形态进行深入浅出的分析，介绍每种金融科技产品背后的商业模式和运营机制，分析每种产品投资过程中所面临的风险，深度介绍每类金融科技产品存在的一些投资机会，供大家参考。同时，由于本书作者一直深耕金融科技行业，对金融科技有很多深入的思考，将工作一线的实践和思考也写入本书，总结出很多实用、有效的金融科技投资小技巧，可以帮助投资者规避风险，做好投资管理。

本人希望能以此书为契机，记录当前工作实践过程中的理解和思考，给广大读者带来一些新的思路和实践，进而能使他们更加客观地认识金融科技，帮助他们通过实践探索出适合自己的投资之路。

在金融科技快速发展和信息技术日新月异的时代，尽管作者一直工作在金融科技的前线，也难免会有所疏漏；更重要的是，金融科技作为一个新兴的领域正处在发展的初级阶段，各种创新不断，各界精英正不断踌躇满志地进入这一蓝海领域。所以，如果本书在理论方法、论述手段、基本结论方面有什么不当和局限，首先希望能够得到各界巨擘的指导和斧正；其次，希望本书能够起到抛砖引玉的作用，引起讨论和思考、推动实践，将金融科技投资推广给广大群众。

最后，我要感谢在本书写作过程中家人和朋友给予我的支持和帮助，他们对本书的框架和内容提出了极具价值的修改建议；同时还要感谢上海财经大学出版社领导及编辑对本书提出的宝贵建议和给予的大力支持；最后感谢的还有关注金融科技发展的许多同仁和行业的投资者，是你们的支持和鼓励让我有了写作此书的动力。

赵增奎

2020 年 3 月

目　录

第1章　金融科技面面谈

当今,以大数据、云计算、人工智能、区块链等为代表的新一代技术与金融业逐步融合,形成了一种新的金融模式,我们称之为 FinTech,即金融科技。顾名思义,金融科技就是金融(Finance)与科技(Technology)深度融合的产物,它是指各类先进技术与金融市场和金融业务相结合,从而为市场创造出新的业务模式、新的技术、新的产品等。

近几年,伴随着电子商务、移动社交等新经济的快速发展,我国的金融科技得到了快速的发展,引起了社会各界的高度重视,在党的十八大报告及十九大报告中曾多次提到要加强金融与科技的深度融合,推动金融科技稳健、平稳发展,有效提升金融服务实体经济水平,促进金融体制创新。

1.1　金融科技的含义

随着互联网、大数据、人工智能等技术的快速发展,金融与科技的关系越来越紧密,不仅金融机构主动运用新科技,而且科技发展带来的服务能力提升和派生也可能替代传统的金融业务。金融与科技的新型关系带来了一个新行业名词"FinTech",即金融科技,是指金融和技术深度融合而产生的金融创新。

金融科技，通过金融与科技的深度交叉融合，创造出新的业务模式、新的应用、新的产品，对传统的金融市场、金融机构、金融服务形成非常大的影响。金融科技的外延囊括了支付清算、网络借贷、网络众筹、大数据、区块链、云计算、人工智能、智能投顾等领域，已经对传统的商业银行、证券公司、保险机构等金融领域的核心功能产生非常大的影响。

1.1.1 金融科技发展阶段

1992年，中国科技金融促进会诞生，这标志着金融科技在中国开始落地实施。中国科技金融促进会既是我国科技与金融深入合作的结晶，是我国最早开展金融科技的推动机构，也是开展科技金融工作的重要平台。中国科技金融促进会是金融科技业务的萌芽。

综观金融科技的发展历程，从科技推动金融变革的角度看，我们可以把金融科技的发展划分为三个阶段：

第一个阶段是金融科技1.0阶段，可以界定为金融信息化阶段。在这个阶段，金融行业通过传统IT的软、硬件来实现办公和业务的电子化、自动化和无纸化，从而提高业务效率、降低运营成本。

在此阶段，科技公司通常并没有直接参与金融公司的业务运营，更多的是为金融公司提供技术支持和服务。此时的各类技术研发人员更多在金融体系内部的成本部门。现在银行等机构中还经常会讨论核心系统、信贷系统、清算系统等，就是这个阶段的代表。

第二个阶段是金融科技2.0阶段，可以界定为互联网金融阶段。在这个阶段，出现了大量的信息科技公司，利用互联网或者移动互联网汇集海量的用户和信息，实现金融业务中的资产端、交易端、支付端、资金端的任意组合的互联互通，本质上是对传统金融渠道的变革，通过互联网实现信息共享和业务融合，其中最具代表性的包括P2P网络借贷、网络众筹、互联网的基金销售等。

第三个阶段是金融科技 3.0 阶段。在这个阶段，大量原有的金融业务通过大数据、云计算、人工智能、区块链等新技术来改变传统的金融信息采集来源、风险定价模型、投资决策过程、信用中介角色等，因此可以大幅提升金融服务的效率，降低传统金融服务的成本，解决传统金融的痛点。代表技术就是大数据征信、智能投顾、供应链金融等。

1.1.2　金融科技业务形态

就当前的市场发展状况看，中国金融科技行业大致处于金融科技 2.0 阶段的后期，网络支付、数字货币、网络众筹、互联网征信等业务形态、创新业务模式不断涌现。根据实际的业务模式、业务流程和核心业务逻辑等分析可知，当前主要的互联网金融业务形态可分为网络支付、网络众筹、数字货币、互联网征信、互联网理财、网络贷款等。各类业务模式处于不同的发展阶段，具有不同的特点，如表 1—1 所示。

表 1—1　　互联网金融主要业务形态

业务形态	基本功能	实质意义	核心逻辑
网络支付	各类交易中的资金转移支付	新金融发展的基础	拥有金融、信息双重基因
网络贷款	通过网络平台撮合投、融资双方的需求	推动普惠金融发展	满足融资需求
网络众筹	通过大众来筹集新项目或开办企业的资金	聚沙成塔，助力创新发展	具有资本和营销的双重属性
数字货币	依托互联网技术和计算机算法创立信任共识	挑战权威，发行真正具有价值的电子货币	具有货币属性
互联网征信	通过互联网从事信用评估与服务	利用互联网信息，完善征信体系建设	覆盖互联网上所有征信信息
互联网理财	网络平台上销售金融产品	快速、方便地投资理财	满足大众投资需求

1. 网络支付

近年,从银联到支付宝、微信支付,我国支付产业飞速发展,几乎每个人都能真切地感受到第三方支付给我们生活带来的便利。随着移动终端和4G通信技术的普及,移动支付在第三方支付中所占的比重越来越大。从2011年开始移动支付逐步兴起,随后快速上升,根据市场研究集团益普索(IPSOS)发布的《2018年第四季度第三方移动支付用户研究报告》显示,2018年我国移动支付在手机网民中的渗透率高达94.7%,将成为网络支付的主要业务形态。

为了规范行业,加强监管,2018年6月经中国人民银行批准成立“网联”,进一步深化穿透式监管,改变原来第三方支付直连银行的模式。国家监管部门专门成立网联支付平台,主要基于解决以下三个方面的问题:

第一,微信支付、支付宝等第三方支付机构通过直连银行,绕开银联这一清算机构,并占据市场很大的份额,客户资金存在安全隐患。

第二,第三方支付机构直连银行后,央行无法掌控用户真实的交易信息等,不利于国家监管反洗钱等。

第三,不同的支付机构和银行合作,模式和标准千差万别,支付机构运营对接困难,消耗大量的成本。

从2018年6月30日起,所有第三方支付机构受理的涉及银行账户的网络支付业务全部通过“网联支付平台”处理。第三方支付直连与网联对比见图1—1。

2. P2P网贷

从2007年起,国内P2P网络借贷平台快速蓬勃发展,迅速形成了一定的规模。在2015年高峰时期,全国有超过2 000家平台、580多万投资人,当年累计成交规模突破1万亿元。但是,由于市场鱼龙混杂,缺乏监管,网贷平台很快暴露风险。2015年底,e租宝倒闭,如一声雷鸣惊醒了网贷市场中形

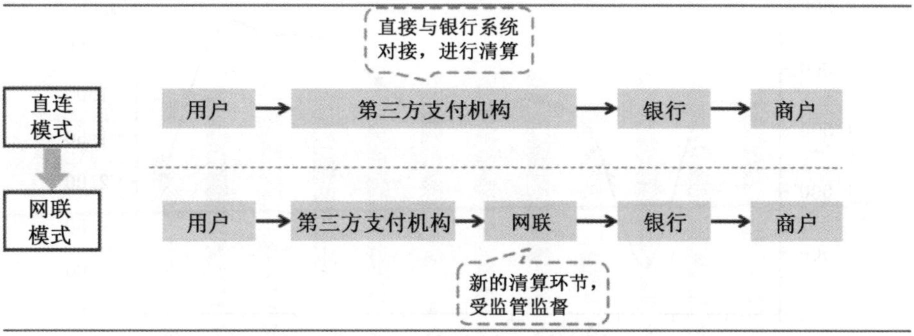

图 1—1　第三方支付直连与网联对比

形色色的参与方，将网贷风险推向了舞台前端。很多网贷平台出现逾期、倒闭、跑路等现象，给投资人造成了巨大的损失，影响了社会稳定。

随着网贷风险暴露，国家监管部门开始加强监管，规范互联网金融发展。2016 年 4 月 14 日，国务院组织 14 个部委召开电视会议，将在全国范围内启动有关互联网金融的专项整治。2016 年 10 月 13 日，国务院网站正式发布了《互联网金融风险专项整治工作实施方案》。随后，中国人民银行、银监会、证监会、保监会、工商总局等部委相继跟进发布主管领域的整治方案。

目前，监管政策趋紧，全国各地大量的网贷平台处于停顿整改期，大量不合规经营的平台正在逐步退出。根据网贷之家的统计数据显示，截至 2018 年 6 月底，P2P 网贷行业平台数量累计达到 6 183 家（含停业及问题平台），停业及问题平台累计达到 4 347 家，正常运营平台数量下降至 1 800 家，贷款余额增至 13 170 亿元。图 1—2 为网贷运营平台数量变化趋势图。

3. 网络众筹

网络众筹，英文名为“crowd funding”，顾名思义为大众集资筹款。根据筹资回报的不同，可以将众筹分为产品众筹和资金众筹两大类（见图 1—3）。

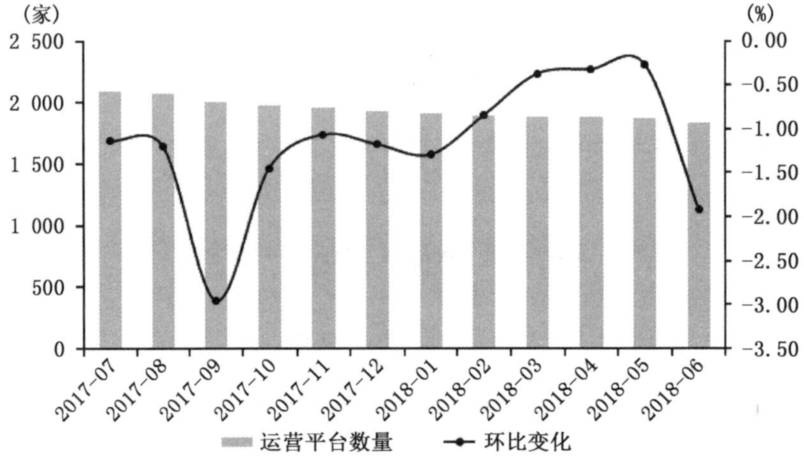

图 1—2　网贷运营平台数量变化趋势

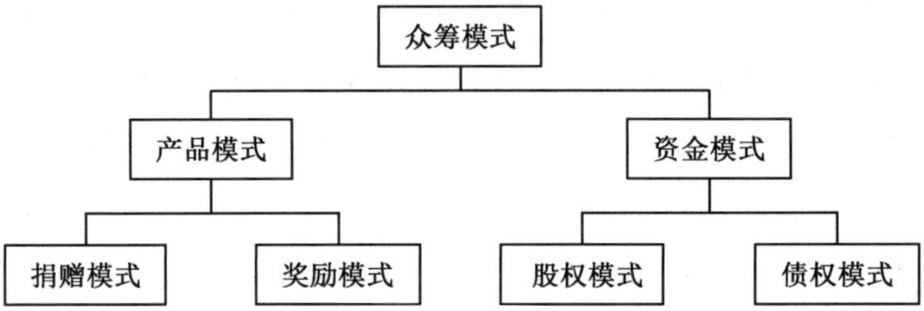

图 1—3　众筹业务模式分类

(1)产品众筹

产品众筹分为奖励模式和捐赠模式两类。奖励模式,主要表现为产品或服务的预售和团购,提供真实、有效的服务或产品。捐赠模式,主要是社会公益性质的捐赠,不要求回报。产品众筹,是项目发起人在互联网平台上的宣传和介绍,得到支持者的资金,回报方式多为项目制作的商品、书籍、音乐或者服务等。目前,产品众筹网站有淘宝众筹、京东众筹、众筹网等。

(2)资金众筹

资金众筹主要分为两类:一类是债权众筹,即 P2P 网贷,前面已经描述过；另一类是股权众筹，主要的功能就是股权融资，通过大家共同筹集资金为一些创新型企业、中小项目提供启动资金，获得初创企业的股份。股权众筹相比非P2P网贷，风险更大、资金更多、周期更长，通常需要更长远的投资眼光。股权众筹网站有天使汇、大家投、创投圈等。

随着“大众创业、万众创新”时代的到来，股权众筹迅速兴起。但是好景不长，2015年8月，证监会发布了《关于对通过互联网开展股权融资活动的机构进行专项检查的通知》，认为股权众筹具有“公开、小额、大众”的特征，涉及社会公众利益和国家金融安全，必须依法监管，股权众筹业务迅速降温。据人创咨询最新统计，截至2018年6月底，我国处于运营状态的股权众筹平台有80家，比2015年高峰时期的运营平台数减少50%以上。

虽然在当前防范金融风险的大背景下，P2P网贷、股权众筹受到了严厉的监管，正在迅速降温，但从长期来看，随着金融行业信息化的纵深发展，大数据、人工智能、云计算及区块链等技术的不断成熟，传统的互联网金融业务也会嫁接新型技术，将爆发出更加强大的生命力，金融科技即将进入3.0阶段。

1.1.3 金融科技的技术支撑

金融科技作为科技与金融跨界融合的新生事物，需要强大的技术支撑。未来金融科技将围绕ABCD四大核心技术，即人工智能（AI）、区块链（Block Chain）、云计算（Cloud Computing）、大数据（Big Data），在提高信任度、降低成本、精准捕捉需求、提高风控能力等方面取得更大的创新突破。

1. 人工智能

人工智能是指利用计算机模拟人类智能的一种工作方式，其主要目标在于研究用计算机程序在具体的产业场景中来模仿和执行人脑的某些智能功能，实现更高效率、更低成本、更智能的产业运作方式。

随着人工智能技术的不断成熟，人工智能与金融领域不断结合，在智能投顾、智能风控、智能客服等领域体现出强大的生产力。智能投顾，是金融科技平台通过大数据分析用户的需求，根据用户偏好实现定制化资产配置，对资金进行合理配置。智能风控，是金融科技平台利用大数据分析结合人工智能的深度学习算法，识别欺诈信息、虚假信息等，有效遏制不法分子的违法犯罪行为。传统金融机构，在很大程度上都需要跟客户打交道，而现在人工智能助理、人工智能信贷员、人工智能柜台都相继出现，为用户提供更加智能化、便利化的服务。

随着信息技术的快速发展和大数据的不断积累，人工智能将对人类整体的文明产生巨大冲击。未来人工智能就会像水、电一样融入我们的生活，影响我们的生活。

2. 区块链

区块链是分布式数据存储、点对点传输、共识机制、加密算法等信息技术在互联网时代的集成创新，其核心是基于互联网、数据加密、分布式存储等多项技术建立的一种端对端的信息处理体系，它实现了由信息传递到价值传递的过程，因此其未来应用的场景更容易体现在那些彼此之间需要高信任度的领域，金融作为建立在信任之上的领域是其最佳应用方向。“互联网＋”战略的推出，为依托信息技术而开展的新金融迎来了极大的发展机遇，因此将区块链应用于金融科技领域具有非常现实的经济和社会意义。

区块链中的点对点通信和人人共识机制，使得任意参与区块链体系中的普惠大众都能彼此互相信任，享有平等的金融服务。区块链技术通过分布式存储、加密算法等，可保存完整的交易记录，大大增加金融交易中的信息安全因素；通过智能合约，大幅减少手工干预操作，降低交易成本。区块链技术的全程追溯能力，为行业监管、审计等提供了有效的控制手段，同时技术操作降低了欺诈、手工输入错误等操作风险。在基于区块链的金融交易中，由于交易确认即完成清算和结算，还大大降低了交易过程中的风险。

3. 云计算

云技术(Cloud Technology),是指基于云计算商业模式应用的网络技术、信息技术、整合技术、管理平台技术、应用技术等的总称,可以组成资源池,提供可用的、便捷的、按需的网络访问,只需投入很少的管理工作,进入可配置的计算资源共享池(资源包括网络、服务器、存储、应用软件、服务)。

云计算极大地降低了 IT 的数据存储和数据处理成本。云计算是以公开、透明的标准和服务为基础,以互联网为中心,为客户提供安全、快速、便捷的数据存储和网络计算服务。云计算技术能在短时间内对互联网上的大量数据进行存储、分析、处理、挖掘,从而极大地增强了互联网金融企业的数据处理能力。通过云计算可以帮助用户在任何时间、任意地点,采用任何设备登录到云计算系统,从而为用户提供各种计算服务和业务处理能力,因此,通过云计算服务可以为用户提供更好的客户服务体验。基于云计算的安全体系架构,能够在网络层和应用层的各个层次中探索网络安全威胁,降低系统网络传输风险,而防护阵线也贯穿了云端、网关、终端等多个不同的位置和区域,降低了系统入侵的风险;云安全体系可以提供更加及时、有效的威胁识别能力、关联分析能力,更好地发现安全威胁和定位威胁位置,更准确地了解全球安全威胁的变化态势。在云计算体系中,可以将服务器实时加入现有服务器群中,提高“云端”处理能力,如果某计算节点出现故障,则通过相应的策略抛弃掉该节点,并将其任务交给别的节点,而在节点故障排除后可实时加入现有集群中。

4. 大数据

大数据服务是指以数据生产、采集、存储、加工、分析、服务为主的相关经济活动,包括数据资源建设,大数据软硬件产品的开发、销售和租赁活动以及相关的大数据分析、预测等服务。由于金融行业一直与数据处理密切相关,金融大数据是所有数据中价值含量较高的数据之一,因此,大数据技术与金融结合是金融科技的重要业务分支。

利用大数据技术，分析和挖掘海量客户数据，开发新的预测分析模型，实现对客户的消费行为、需求动机等的精准洞察，帮助金融企业制定针对精准化营销和差异化服务的策略，提高服务质量和客户转化率，将银行、政府、电商等各类企业沉淀的大数据有机结合，可用来重构信用评估模型，加强信用评级的可靠性，极大地降低授信成本，为用户快速提供授信及现金分期服务。大数据技术使得金融企业对海量信息的收集、存储和分析成为可能，可低成本地实现对事件的快速响应和流程的优化调整。

随着信息技术的不断发展，各种新技术的应用和推广，未来金融业的发展尤其是互联网金融需要更多地去考虑采用新的技术降低成本、扩大市场、提高风险管控能力，从技术层面上突破互联网金融发展的“瓶颈”。

1.2　金融科技发展趋势

1.2.1　新旧金融体系加速融合

从某种意义上说，金融科技是对传统金融不足的弥补，新旧金融体系在发展过程中有着各自的优势。同时，随着行业的进一步发展，新旧金融体系加速融合，推动金融体系的重塑和优化。

传统金融与金融科技正在不同层面快速深度融合。以银行、小贷公司为代表的金融机构或泛金融机构，将进一步加强与网络平台的合作。当前的业务模式中，众多的银行和小贷公司已与互联网公司在数据及客户挖掘、大数据风控、支付创新、金融产品销售、企业融资等领域开展合作，券商和保险机构也积极“拥抱”互联网，基金公司不断加强与互联网巨头的合作，保险公司积极利用互联网渠道开展产品销售，突破了传统的地域限制，中小型保险机构通过网络保险业务解决营业网点的问题等。

1.2.2　“ABCD”四大新型技术驱动金融创新

新一代信息技术，尤其是ABCD新型技术即人工智能、区块链、云计算、大数据等技术，在移动互联网的基础上从更深层次推动金融创新发展。从传统金融到金融科技，金融的载体、业务模式、监管方式、信任体系、业务规则等都发生了较大的改变。以大数据、云计算、人工智能、区块链为代表的新一代信息技术的综合应用，引导着“互联网＋”与各个领域的深度融合。金融领域也不例外，无论是横向的跨界融合还是纵向的深化创新，金融科技所表现出的业务模式更多样、个性更突出、结构更多元、业态更创新、效率更提升。

1.2.3　金融科技平台一体化和服务多元化

由于金融科技内含互联网基因，随着服务客户群体的不断扩大，金融科技呈现出平台一体化和服务多元化的趋势。一方面，金融机构不断地丰富金融产品和服务，同时也加快了兼并重组的步伐，充分融合各类资源，完善金融生态圈，致力于打造一体化综合平台，提供多元化的新金融服务；另一方面，金融科技利用技术手段通过构建综合账户集成客户所有的金融资产，满足客户投资、消费、支付、理财、信贷、保险等一站式金融业务服务需求。面对这种需求和发展趋势，商业银行也在积极创新，试图将现有业务与在线金融中心、电子支付平台、电子商务、移动金融等新兴模式加以整合，以满足客户日趋多样化的服务需求，实现“一站式综合金融服务”。

1.3　金融科技提供投资便利

在当前我国传统的金融服务中，大多数的金融服务都是针对一定的资产客户人群，金融机构给客户提供的服务模式大多也是标准化模式，而且有相对比较高的门槛。例如，我们可以想象：你能去银行网点买50元的货币基金吗？你能去保险公司买一笔 20 元的意外险吗？在没有金融科技支撑的情况下，估计金融机构理都不会理你。正是因为有了金融科技，我们再也不用担心买不到合适的金融产品了。

1.3.1 金融科技大大降低了投资的门槛，让普惠金融成为可能

金融科技不仅降低了金融服务的运营成本和提升了金融机构的运营效率，而且通过金融科技推出的创新模式产品及服务，满足了金融市场的空缺，提供了更加丰富的金融产品或金融服务，让更多的人享受到金融服务。

金融科技，通过技术手段使普惠金融成为可能，一方面，让更多小额的投资者能够有更加多样化、更低门槛的金融产品，例如 T+0 货币基金、P2P 网贷等；另一方面，金融科技通过对金融产品和服务结构的设计，新的低门槛投资产品和服务也不断推出，丰富了投资者的选择，现在即使闲置的零钱也可以进行投资理财。例如，现在市场上各种“宝宝类”产品，就满足了大量投资者 1 元买基金的便利，P2P 网贷就满足 1 000～3 000 元的借款需求。

1.3.2 金融科技给用户更好的投资体验，吸引更多中小投资者

互联网特别是移动互联网的一个优势便是更加便捷，效率高，可以获得随时随地、7×24 小时服务，这些对金融科技来说已经是最基本的要求。例如，现在一部手机就可以走天下，无论是买一份早餐，还是出门乘坐地铁，在很多大城市几乎完全不需要现金，只要用手机扫一下二维码即可搞定，简单、高效。

如果大家有印象的话，就在几年前，大多数的金融服务还需要我们在特定时间专门跑到柜台上当面处理，既耗时又耗力，而且体验极差。但是在现今金融科技时代，我们已经很少去服务网点了，大多数的金融服务都可以通过金融科技在线操作完成，省时省力，高效、便捷。

不少金融科技平台通过互联网用通俗易懂的语言直观地解释产品风险，能让普通投资者对产品信息有直观的理解，让原来抽象、晦涩的各类金

融产品进入寻常百姓人家，让广大百姓享受了金融科技带来的便利。同时，由于金融科技的投资理财能够为用户提供更加便捷、有效的工具，通过移动终端方便查询资金明细，详细的账单也让投资者对自己的账户情况一目了然，投资体验和效率都大大提升。

1.3.3　金融科技帮助投资者更好地了解自己，做理性投资

金融科技利用各种大数据、人工智能、生物识别等技术，分析用户的投资行为、识别用户的风险偏好，让投资者能够更加了解自己，进而选择适合的服务与产品。

目前，国内传统金融机构对客户风险承受能力评估一般通过调查问卷获得，但单纯通过问卷调查局限较大，新兴的金融科技平台通过多维度获取投资者的账户数据、交易数据、行为数据等，测评系统将更加准确。金融科技平台对投资者从主观及客观两个角度进行精准评估，在客观实力方面，着重考察投资人的基本信息、资产信息、投资行为、消费行为等；在主观风险方面，着重考察投资人的投资规划、投资经验、风险认知水平、风险敏感度等，测评结果相对单纯通过问卷调查形式会更加精准。一旦投资者更客观、更全面地了解自身的投资偏好后，就能够更加理性、更加客观。

1.3.4　金融科技提供差异化、精准化服务，更好地满足用户个性化的投资需求

在大数据、人工智能等技术的基础上，金融科技能更加精准、更加客观地通过分析获得投资者的风险偏好，更加全面地评估产品的风险等级，在客户对产品有了清晰认识的基础上，可以让我们每个人都能够获得个性化、差异化的投资理财服务。传统金融机构由于存在成本压力、受限于技术手段等，始终将金融服务的重点对象放在高净值客户群身上，提供更加单一标准化的金融服务，这无可厚非。但金融科技却另辟蹊径，帮助更多的中小投资者获得普惠金融。

在金融科技的助力下，金融科技平台的用户完全可以根据对自己的投资金额、期限以及风险偏好自主选择产品，在操作上根据自己的时间来安排。同时，通过精确化的投资者风险测评，平台还可以根据用户的测评结果有针对性地推荐适合的服务。

随着技术和服务的创新，金融科技将继续给普通人的日常生活带来便利，让金融更加普惠。

1.4 投资金融科技的基本功

1.4.1 投资的基本功

投资就是把当前可以消费的钱暂时不消费，投入到未来，以期获得资产的增值。投资实质上就是心理学中的“延迟满足”，是投资者愿意牺牲现在，相信未来，活在未来。通过分析现在的市场机会，预判未来，投入未来，因此，投资本身也是一门科学，有其自身的规律。

1. 投资是一个镜像的世界

要做好投资，必须意识到投资的世界是镜像中的世界，与我们的现实世界是截然相反的。相信我们每个人都有过照镜子的体验。我们在洗完脸照镜子时，总会在镜子中看到眼前的自己是如此真实，脸庞、头发、嘴唇，一切都像是“复制品”。唯一的问题是，你在镜中看到的动作与现实正好相反，这与投资的世界非常类似。因此在投资的世界里，你必须格外小心，以免入坑。

在投资的世界里，我们最常见的例子就是股票市场，在股票市场上发生交易的基本条件就是，当你买入时，一定有人在同时卖出；而当你准备卖出时，必然有人正要买入。也就是说，总有个人正与你进行相反的操作，否则交易根本无法产生。这是不是与照镜子的感觉类似？为什么会是这样的呢？本质上还是我们的思维认知不同，对未来的预判不同。

从物理上讲我们也许生活在同一个世界，但在意识的世界里，由于每个人的“三观”不同，致使我们在思维层面完全处在不同的世界里。

即使“看上去”完全一样的事情，在真正着手行动时，也很可能会得到完全相反的结果。请理解，这不是你的错，而是眼前这“看上去相同”的世界已经变了，你所看到的一切也许是镜中的景象，这就是投资这个世界所呈现的“镜像世界”。

之前积累的经验越多，在“常规世界”越厉害的人，穿梭到镜像世界就发现好像不对了，这也是一些传统专家投资不佳的原因。而真正的高手则可以自由地在两个世界来回穿梭。因此，在投资中从来不存在标准的答案，一切都需要因时而变，视情况进行分析。

本书所提供的投资思路，也只是作者自身的一些思考和总结，并不一定完全适合你。因此，请各位读者在投资应用的过程中需要根据自身的风险偏好和投资经验，结合不同的市场环境及时进行调整。

2. 投资是一种扔骰子游戏

我们经常听到：“投资有风险，入市需谨慎”，说的就是投资是存在不确定性的，其本质是一个概率的游戏。做投资一定要学会计算概率，评估投资的预期收益，否则很容易掉入坑里。这里给大家举一个经典的案例，让我们感受一下概率在投资中的重要作用。

1952 年，法国经济学家、诺贝尔经济学奖获得者莫里斯·阿莱做了一个著名的实验：

对随机选取的 100 个人，测试如下设计的投资机会：

A：有 100%的机会得到 100 万元。

B：有 10%的机会得到 500 万元，有 89%的机会得到 100 万元，1%的机会什么也得不到。

不知道你会选择什么？请认真思考一下。

实验结果是：绝大多数人都选择 A。但是，从概率的角度看，其实选择 B 是一个更加明智的选择，因为：

机会 A 的预期收益为 100 万元；机会 B 的预期收益为 139 万元，显然选择 B 的预期收益大于 A 的预期收益，所以选择 B 的投资者更有可能获得更佳的投资回报。这就是概率的作用所在，一旦仔细计算后，就可以帮助我们更加真实地了解世界，避免作出感性的判断。

然后阿莱重新设计了新的投资机会对这些人继续进行测试，新设计的选择如下：

C：有 11%的机会得到 100 万元，89%的机会什么也得不到。

D：有 10%的机会得到 500 万元，90%的机会什么也得不到。

不知道你会选择什么？

实验结果：绝大多数人选择 D。这是非常明智的选择，因为选择 D 有可能获得更多的投资回报。

这一经典案例，展示出人在面对投资决策时，如果不通过精确的计算，是很难获得好的投资收益的。在实际投资中，投资决策所依据的信息难以完整，同时由于市场一直在动态变化中，因为我们的投资判断很难保证绝对正确，所以必须要根据最新信息不断修正投资决策。这也是我经常听到的："投资是概率游戏"的底层逻辑。

理解概率游戏的本质，对我们理解投资、做好投资极其重要。经常有人找我推荐股票，比如问有没有什么股票将来能大涨，可以长期持有，自己可以省心地赚钱，不是我不愿意说，而是真的没有。如果真有这样简单地拿着就可以赚钱的股票的话，巴菲特就不用那么辛苦了，何苦还要每天读大量的上市公司公告和研究投资报告呢？其实，任何人说的任何股票，无论他说得多么肯定、多么乐观，都是有局限性的。因为，无论谁推荐的任何股票，都是基于他得到的关于这个股票的历史信息所做的决策。问题在于：他得到的关于这个股票的历史信息是所有的重要信息吗？这些信息都是真实、准确的吗？这些信息是否会动态变化呢？即使他推荐的股票能让你赚钱，其中最终的偶然性也不可忽略。

因此，在实际投资过程中，我们一定要独立思考，认真分析投资标的，尽量不要主观性地简单做出判断，而是需要真正地搞懂投资标的，在横向上与市场同类产品对比，在纵向上与不同历史时期对比，尽量找到该投资标的的真正价值，评估其中可能遇到的风险，这样在投资的过程中，我们才能淡定、坦然。

3. 投资是自身认知的变现

投资既然是概率游戏，如何提高投资胜算呢？答案其实非常简单。正如巴菲特常常告诫我们的：牢牢固守在自己的能力圈，同时不断努力扩大自己的能力圈。只有投资你自己真正熟悉的品种，你才能提高命中率。现在各类投资品种如此繁多，每个人的时间、精力都是有限的，你不可能对各个行业、各种投资产品都很熟悉，为了避免出现认知偏差导致投资损失，我们还是要努力认清自己的能力边界，只有在自己的认知边界内出手，才能有效地提高投资的成功率。但在实际投资中，很多投资人是经不住诱惑的，总是想跟随潮流，追逐热点，博取高额收益，以至于大部分人常常亏损。从长期来看，追逐热点是一件比较危险的事情。有句老话说得好："常在河边走，哪有不湿鞋。"因此，股神巴菲特也说："The stock market is a no-called strike game，you just wait for your home run pitch(股票市场就像棒球比赛，你只需要等待最合适的球，然后击打)。"

巴菲特非常喜欢的棒球巨星泰德·威廉斯(Ted Williams)，其职业生涯的打击率高达 34.4%，使其成为美国历史上打击率较高的球员之一。其中重要的原因是泰德·威廉斯始终坚守在能力圈内击球，使他能够在 39 岁和 40 岁的高龄连续两年获得美国棒球联盟冠军。泰德·威廉斯曾说："要成为一个优秀的击球手，你必须等待一个好球才去打击。如果我总是去击打幸运区以外的球，那我根本不可能成为棒球名人堂选手。"

投资过程中必须牢牢地固守在自己的能力圈内，才能降低风险，抓住属于自己的机会，提高胜算概率，获得长期、稳定的投资收益。而仅仅固守在能力圈内是不够的，还需要依托自身的能力圈不断延展，不断扩大能力圈的边界，提高认知能力，迎接未来，布局未来。

投资本身就是相信未来，活在未来，所以要成为一个优秀的投资人，必须要思考：如何才能让自己活在未来？我个人觉得最基本的有三点：

● 与年轻人为伍。年轻人是未来的主力，要想活在未来，首先要学会与年轻人为伍，观察年轻人的生活习惯和行为模式，融入年轻人的生活。

● 与未来趋势为伍。要努力分析社会变迁、人口结构变化、经济模式演变，努力抓住主流社会的未来发展大势，抓住那些适应未来社会趋势的产业和公司。

● 重点关注长期。要努力把眼光放在长远，尽量避免短视，看淡短期的波动，努力选择对未来长期有利的事情。

只有牢牢守住自己的能力圈，并不断扩大自己的能力边界，跟对趋势，才能赢得未来。

4. 投资要做好资产配置

既然投资是活在未来，是未来才能确认的事情，因此一定存在风险和不确定性。为了防范系统性风险，我们一定要做好大类的资产配置。诺贝尔经济学奖获得者詹姆斯·托宾告诉我们："不要把鸡蛋放在一个篮子里"，意思是投资要多元化，避免系统性风险。

投资多元化并不是简单的分散投资，而是要依据一定的科学配置原则，其核心要义有如下三点：

原则1：优先选择相对集中的投资方法。投资者应选择相对集中的投资方法，并根据自身的专长集中选择2～3种投资方法，深入研究、重点布局，这样不仅可以降低投资组合的管理难度，而且可以将更多的精力集中在自己擅长的领域，从而实现长期投资，获得更高的回报。

原则2：谨记高风险投资不宜过多。多样化的投资，并非让投资者都选择某些特定类型的产品，而且绝对不应该对那些高风险产品持有过多的投资。为了有效地分散风险，有必要适当增加中、低风险的投资，例如，互联网理财等。

原则 3：投资应该量力而行。投资应该用不影响生活的钱投资。在每次投资前，对于投入多少钱、投入多长时间，都要做好仔细规划。无论市场如何变化，我们都应该严格执行自己的投资纪律，避免随意配置。

无论进行何种投资，投资者应首先了解自己的风险承受能力、资金使用期限等，然后在熟悉的领域中选择适合自己的投资方法，做好严格的资产配置。

在实际的资产配置中，通常有如下四种资产配置方法：

第一种是将两种负相关的资产配置到一起，产生对冲的作用。比如股票市场中的石油股和航空股，在统一市场中往往涨跌互现。

第二种方法是将两种不相关的资产配到一起，增加资产大类。比如保险产品和货币基金，这些产品之间的关联关系很弱。

第三种是将不同地域的产品配置到一起，增加不同区域的资产。比如全球主要国家的产品进行打包配置，减少投资单一市场的系统风险。

第四种是定期定额投资，执行严格的投资规则。即以定期定额的方式购买特定类型的投资标的，在一个较长的投资期内可以获得市场平均的回报甚至高于市场平均的回报。该方法要求选择一个长期持续成长的投资标的，通过长期的投入获得相对稳健的增长，适用于进行养老资金、子女教育资金筹集等。

在实际投资之前一定要认真全方位地分析拟投资标的，真正搞懂投资标的，做好资产的大类配置，通过量化的方式计算标的的内在价值，确定买入和卖出的心理价位，一旦投入，就静等时间的玫瑰。

1.4.2　金融科技投资中特有的风险和应对措施

由于金融科技依托当代信息技术开展金融业务的特点，因此与传统金融相比有明显的技术特性，新金融在实际业务运行中不仅面临金融风险，还面临着信息安全风险。随着新金融业务的"野蛮生长"，信息安全日益成为关注的焦点。

1. 金融科技投资面临的风险

金融科技投资中面临着大量的信息安全风险。以 P2P 网贷为例，作为金融科技业务中非常重要的业务形态，它对系统运行环境、病毒防护、数据备份等软、硬件配置的安全性要求比较高，但是由于准入门槛低和资金要求少，不少 P2P 网贷平台进入该领域后并不具备自主开发信息系统的实力，其平台业务系统主要通过购买模板简单定制而成。模板系统的安全性和技术成熟度都不够高，容易出现技术漏洞或黑客入侵等技术风险。另外，P2P 网贷平台的技术管理人员很多情况下没有金融从业经历，相对缺乏金融风险管理方面的专业知识，对网络借贷的重要风险点和风险防范技术不甚了解，难以比较有效地进行系统维护和管理。图 1—4 是 P2P 网贷平台的一般性业务流程。

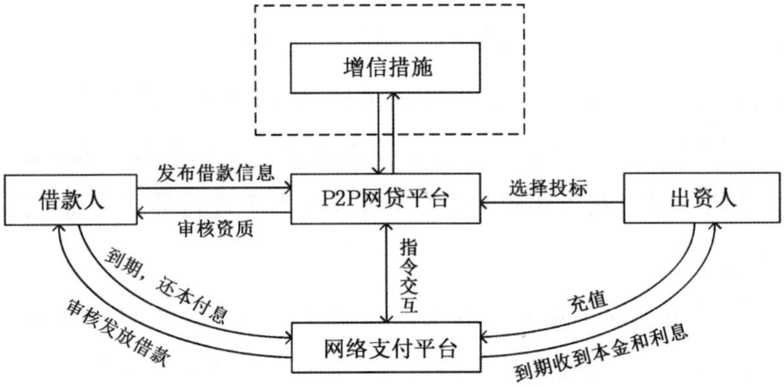

图 1—4 P2P 网贷平台的业务流程

从图 1—4 中可以看出，当 P2P 网贷平台的投资人通过第三方网络支付账户向网贷账户进行充值时，有可能遭到钓鱼网站的威胁；当借款人通过网贷平台提出借款申请时,有可能遭遇信息被窃取、篡改或破坏等风险。在整个交易流程中,无论是投资人还是借款人都可能遭遇个人信息、银行账户信息等关键信息的泄露,在交易过程中,信息传输也面临着网络安全的问题。

此外,金融科技作为依托互联网开展金融服务的新业态,还面临着互联网信息安全的一些共性风险问题和金融信息系统的特有安全问题。总体归纳来看,金融科技业务中信息安全领域面临的风险主要包括客户端安全认证、数据安全、技术安全三大方面。

(1)客户端安全认证风险

客户端安全认证风险主要包括三项:

第一是客户端遭到病毒或黑客入侵。客户端的工作机制是通过用户名和密码相结合进行认证,这种情况下倘若用户被病毒或黑客攻击,安全认证关卡被攻破,那么用户所做的操作就呈现在黑客的监视之下,个人数据会按照黑客指令被发送至病毒或黑客攻击的指定的数据库平台或者服务器后端,严重威胁到个人账户和密码安全。

第二是假冒网站或诈骗网站。目前的网络域名注册手续简易,准入门槛较低,虚假恶意网站猖獗。近些年来,有些商业银行、证券公司、投资银行等持牌的金融机构均出现过假冒的金融科技业务网站。由于这些金融科技业务的服务器网站域名和真正的金融科技服务业务相似度极高,一般客户极难辨认,稍有不慎就会造成巨大的投资损失。

第三是垃圾诈骗短信或电话。最常见的是通过拨打电话或发短信等方式,大范围地传播各种诈骗信息或垃圾广告,窃取用户钱财进行非法牟利。通常情况下,该类型事件的发生皆因手机信息网上泄露,且与信息安全高度相关。

(2)数据安全风险

在大数据、云计算、物联网等环境下,金融科技业务相关数据安全将面临更大的风险挑战。金融科技机构掌握着客户的需求偏好、投资定位、投资或者借款信息、信用情况等,一旦这些个人信息遭到不法分子窃取、泄露、非法篡改等，将会对客户隐私、投资者权益以及信用情况等个人隐私构成严重的威胁。传统商业银行、互联网金融机构以及用户三者之间通过互联网通道进行数据传输是互联网金融业务的工作方式，这三者在数据传输过程中必须要对数据进行加密。但目前加密算法和传输系统安全性还不是特别完善，存在网络传输系统和环境被击破或者加密算法被黑客攻破的风险，这种情况一旦发生，客户的各种交易数据就暴露于众目睽睽之下，信息安全将受到极大威胁。

(3)技术安全风险

金融科技多是依托互联网而运行，而互联网的底层协议——TCP/IP 协议本身的安全性就面临较大争议，加之当前的密钥管理和加密技术也不太健全和完善，这势必会导致金融科技的交易体系易于受到计算机病毒和网络黑客的攻击。例如，2014 年 4 月，网络安全协议 OpenSSL 被曝出存在“心脏出血”高危漏洞，而诸多的互联网金融网站使用的正是 OpenSSL，潜在的风险可想而知。

金融科技的业务模式与传统的金融模式相比，前者在经营效率、用户范围、客户体验等方面比后者更为超前，互联网的技术特点决定了金融科技面临着技术安全风险。

金融科技面临的技术安全风险主要包括应用风险和能力风险。应用风险是由于最初系统设计构思的片面性、局限性等，导致金融科技的业务系统存在明显的缺陷而出现的风险；能力风险是指因为金融科技业务平台的技术开发特性而存在固有的技术缺陷，这些固有的技术缺陷在某些特定情况下会导致不可避免的风险。这些技术风险，在实际业务的开展过程中，稍有不慎都会给投资者带来很大的损失。

通过信息系统开展金融科技业务，从信息安全角度讲，金融科技通过信息技术的运用既有风险抑制因素，又有风险增强因素。

由于某些技术具有降低金融风险的特点，金融科技在某些特定业务场景下存在风险抑制的内在机制。比如，区块链技术，能够通过严密的数学算法，提供点对点之间的信任共识，降低参与方之间的信息不对称风险，有很大的风险抑制作用。再如，大数据分析增强征信评级的有效性，增强风险研判和欺诈识别的及时性，同时也会增强系统性风险预测的准确性，有利于防范风险。信用体系重构后，改善了交易中的信息透明度，增强了经济主体相互间的关联依存关系，有利于形成新的风险约束关系并实质性地增强信用。

由于金融科技对技术平台存在依赖作用，因而信息技术的运用增加了金融风险。首先，基于互联网金融对技术平台的高度依赖，实现了财富的货币化和货币的数字化，大量的财富所有权以数字认证方式存在。因此，技术风险或 IT 系统风险将成为较重要的风险之一。其次，数字化、网络化的价值体系，既增强了各经济主体、各产品和服务之间的依存性，也使风险的传递与扩散变得十分便利，风险规模呈几何级数扩大。最后，通过网络化平台直接进行投融资，并未根本解决信息不对称问题。平台作为信息中介，并不能保证交易双方的信息真实、可靠。金融欺诈者也可以利用平台制造虚假的信息误导金融消费者，形成欺诈风险。

自 2012 年以来，国内的互联网金融发展迅猛，其在理念、技术、产品等方面不断创新突破，在服务实体经济、推动普惠金融发展、便利居民日常生活、满足投资需求等方面弥补了传统金融体系存在的缺陷，发挥了不可替代的积极作用。与此同时，互联网金融在实际操作过程中也隐藏着大量的信息安全风险，致使一些投资者在投资过程中蒙受损失。因此，为了保证金融科技行业安全、稳定运行，需要政府、企业和投资者三方共同努力，加大对信息安全技术的投资力度，采用防火墙、数据加密、交易信息确认等多种技术手段，保障用户信息和资金的安全，更好地推动金融科技行业健康快速发展。

2. 应对风险可采取的措施

(1)做好密码管理

在金融科技平台进行操作时，为了防范暴力破解的风险，我们务必要设置复杂的登录密码和交易密码，并定期更换密码，建议至少保持 3 个月更换一次。如果你投资了多个平台，特别强调要在不同的平台设置不同的登录密码和资金密码。

估计看到这里很多朋友也许会疑惑：这要多少个密码呀？怎么管理呢？其实完全不用，“工欲善其事，必先利其器”，我们要管理这么多密码，必须要有专业的密码管理工具，否则很容易遗忘丢失。

互联网有很多密码管理工具，如 KeePass、LastPass、1Password 等，我一直使用的是 1Password，它支持 Windows、iOS、Android 等多平台使用，非常方便。在实际使用的过程中，大家一定注意多平台之间及时保持信息更新。

（2）资金安全管理

在实际操作过程中，建议集中进行资金管理，建议投资所用的银行卡最好专款专用。比如说单独开立一张银行卡，专门用于网贷投资。每次从别的银行卡里转入整笔资金，然后充入网贷平台再进行投资。

专门用于投资的银行卡，务必开通个人网银、手机银行、短信通知，便于及时了解资金变动情况，一旦发现资金变动出现异常，及时查询银行账户，联系投资平台查明详情。

（3）做好个人信息安全保护

在金融科技的投资过程中，由于涉及资金的进出，因此平台都会要求投资者进行实名认证。在实际上传身份证进行实名认证时，注意身份证照片上可以适当添加文字说明等，以规避身份信息被泄露的风险。

由于投资的过程中必然会有大量的资金流进与流出，为了真正掌握资金的使用情况，计算投资收益，我们在投资的过程中要及时保留资金的充值提现记录，做好投资记录，以便于后续核对。同时为了应对后续各类突发事件，我们在投资的过程中要及时下载涉及的相关电子协议。

1.4.3　金融科技中常用的分析网站

“工欲善其事，必先利其器”，因为对于金融科技中的每种投资产品，大多有专业的分析网站。在实际投资之前，还是要认真研究学习。如下是一些常用的数据分析网站，供参考。

天天基金网，上市公司东方财富旗下的基金理财网站，集合了大量的与基金相关的信息，网址：http://www.1234567.com.cn。

网贷之家，国内最大的第三方网贷资讯平台，整合国内大量网贷平台信息，同时提供大量的数据分析，网址：https://www.wdzj.com。

众筹之家，国内最大的第三方众筹资讯平台，收集了国内众多的众筹平台信息，并提供大量的众筹数据分析，网址：https://www.zczj.com。

CoinMarketCap，全球最大的数字货币行情平台，集合了市场主流的数字货币信息，网址：https://coinmarketcap.com。

好用的投资收益计算器：https://www.lu.com/tools/calculator.html。

方便好用的记账工具：http://www.wacai.com/index/app.action?cmd=finance。

第 2 章　第三方支付

说到第三方支付，相信大多数人都不陌生，并且会很容易地想到支付宝、微信支付等第三方支付。确实如此，因为微信支付、支付宝等第三方支付工具已经融入我们的日常生活，改变了我们的衣、食、住、行等日常生活的支付模式。正是因为有了微信支付、支付宝等网络支付工具，很多人现在几乎很少用现金。不得不说，第三方支付已经成为金融科技的基础设施，大大推动了我国经济的发展。

2.1　产品分析

第三方支付，又称非银支付，是伴随着电子商务的兴起而兴起的。在早期的电子商务中，由于买卖双方缺乏信用保障，第三方支付充当了商户和银行之间连接的“中转站”，将交易中的信用从买卖双方中分离出来，将第三方支付确立为交易双方均可信“第三方”。买方将货款付给买卖双方之外的第三方信用中介，以促进电商交易顺利开展。第三方支付通过互联网为交易双方提供安全交易服务，在收付款人之间设立中间过渡账户，使支付与转账之间可实现安全性停顿，帮助买卖双方建立起信用，达成一致意见，实现资金的顺畅流转。

2018 年 3 月，根据网联 42 号文的监管规定，第三方支付业务模式将发生调整：所有第三方支付机构与银行的直连都将被切断，之后银行不会再单独直接为第三方支付机构提供代扣通道。第三方支付机构通过与网联渠道对接，完成资金的流转，从而促进交易双方达成交易。

2.1.1　业务模式

根据当前第三方支付公司的实际经营范围，我国的第三方支付业务可分为银行卡收单、网络支付、预付卡的发行与受理、基金支付、跨境支付五大类。

1. 银行卡收单

银行卡收单是指通过销售终端（如 POS 机等）等为银行卡特约商户代收货币资金的行为。银行卡收单的主要业务是 POS 终端收单支付，主要的营业收入是交易流水的服务费。银行卡收单是最早的第三方支付业务。

在收单业务中有三个相关的参与方，分别是发卡行、收单行、银行卡组织。收单业务的商业模式是：当持卡人通过 POS 机发生一笔交易时，收单业务中涉及的相关参与方会按一定的比例收取一定的手续费。手续费的标准由央行来制定，根据不同行业收取不同的手续费，一般的手续费区间为 0.38%～1.25%，这些手续费就是收单服务的参与方在收单业务上的收入。中国银联是这种线下收单业务的典型代表。

2. 网络支付

网络支付是指通过互联网在收、付款人之间实现资金转移。网络支付的经营范围包括在线货币汇兑、互联网支付、移动支付、电话支付等。用户通过在线网络支付进行交易，网络支付的服务商同样可以收取交易佣金，网络支付的收费费率标准与 POS 收单业务大致相当，但更多依靠互联网完成支付。

早期网络支付都是与银行直连的，是以第三方支付为核心的三方交易结构。前面提到的支付宝、微信支付都是较早成立的第三方支付公司，都是以其自身为核心，与多家银行直接连接，实现不同用户之间的网络支付。从2018年7月起，根据新的监管指引，所有网络支付都实行“断直连”（切断直连银行），必须统一经过国家的网联机构再链接到银行实现支付，第三方支付的交易结构从三方变为第三方支付、网联、银行和客户四方结构。

3. 预付卡的发行与受理

预付卡是指以营利为目的，让用户使用预付款在发行机构合作商户处购买商品或服务的预付费卡，包括采取磁条、芯片等技术以卡片、密码等形式发行的预付卡。例如，我们常见的京东卡、当当卡、移动充值卡等各种预付费卡都属于此范畴。

4. 基金支付

基金支付是针对公开募集基金销售机构提供支付结算服务的第三方支付业务。基金支付是指非银金融机构在收付款人之间作为中介机构提供的货币资金转移服务，其经营许可是由证监会颁发审核的。

投资者通过支付机构在认购、申购基金时可以借助持有该牌照的第三方支付工具进行支付款项。通过基金支付，大大提高了客户购买基金的便利性，推动互联网基金销售业务的发展。自2010年5月上海汇付数据服务有限公司颁发第一张基金支付牌照以来，证监会已经陆续颁发了超过40张基金支付牌照，其中我们所熟知的支付宝、微信支付都拥有基金支付的牌照。

5. 跨境支付

跨境支付是指第三方支付机构在跨境电子商务领域中开展的外汇支付

业务。第三方支付业务中跨境支付，是指第三方支付公司通过银行为小额电子商务(货物贸易或服务贸易)交易双方提供跨境互联网支付所涉的外汇资金集中收付及相关结售汇服务。其经营许可是由国家外汇管理局颁发审核的。

我国的跨境支付业务是从 2015 年底开始试点的，是为了顺应全球经济一体化，推动跨境电商业务而推行的。跨境支付大大简化了跨境电商的支付体验，提高了人们的生活水平。截至 2018 年底，市场上拥有跨境支付牌照资格的支付平台数量超过 30 家。

按照第三方支付平台主体不同，第三方支付企业可以划分为两大类：第一类是以银联电子、快钱、汇付天下为首的金融型支付企业，侧重金融行业需求和开拓支付应用。第二类是以支付宝、财付通为首的互联网型企业，它们依托强大的流量入口优势，拓展交易支付渠道，依托电子商务平台迅速做大做强。

2.1.2　发展现状

从 1998 年北京的首信易支付成立，第三方支付在我国发展已经超过 20 年。1998 年 11 月，由北京市政府与中国人民银行、原信息产业部、原国家内贸局等共同发起的首都电子商务工程启动，确定首都电子商城(实质为首信易支付的前身)为网上交易与支付中介的示范平台。1999 年 3 月，具有半官方性质的首信易支付作为最早的实践者开始在市场上推广运行，标志着我国在第三方支付方面的实践拉开了序幕。紧随其后，2000 年，环迅支付在上海成立开始运营。2002 年 3 月，经国务院同意、中国人民银行批准，中国的银行卡组织——中国银联成立。同年 6 月，中国银联控股的银联电子支付服务有限公司即 Chinapay 正式揭牌，随后第三方支付快速发展。

从 2005 年起，我国第三方支付市场规模迅速扩张，每年都在以 1 倍以上的速度增长。2005 年，中国第三方支付中互联网支付的市场规模为 163 亿元；到 2018 年，第三方支付中的互联网支付猛增至 210 万亿元，其中，移动支付为 190.5 万亿元，互联网支付为 29.1 万亿元。从 2011 年开始中国第三方支付中互联网支付的整体交易规模达到 22 038 亿元，位列中国互联网细分行业规模增长的首位。

随着第三方支付玩家不断增多、市场交易规模不断增大，第三方支付的行业规则、国家监管政策逐步提上日程。2010 年，中国人民银行出台了《非金融机构支付服务管理办法》，确立了与第三方支付相关的配套管理办法和细则，同时明确了第三方支付由中国人民银行审核发放牌照，把第三方支付机构开始纳入国家金融监管的领域，并规定无支付牌照的第三方支付机构不得从事支付相关业务。第三方支付牌照的确立，明确了第三方支付业务的合规性，让第三方支付企业走向了新的发展阶段，正式成为市场中合法、合规的支付机构。

第三方支付的不断发展、电子商务的蓬勃兴起、各类移动互联网应用的不断兴起、各类金融科技的迅速发展，极大地推动着互联网经济的快速发展。

2.1.3 行业优势

第三方支付与传统支付相比具有巨大的优势。相对于传统的资金划拨交易方式，第三方支付与电子商务结合，利用第三方支付的担保交易功能，有效地保障了货物质量、交易诚信、退换要求等环节，极大地推动了电子商务快速发展。在整个电商交易的过程中，第三方支付利用网络系统对交易双方进行了相应的约束和监督，要求买家通过第三方支付来支付货款，平台暂时保存货款，为卖家担保交易。卖家发货，买家在收到货款后进行确认，平台将货款支付给卖家。

在不需要面对面进行交易的电子商务形式中，第三方支付为保证交易成功提供了必要的支持，实现了极大的便利，快速推动着电子商务的发展。

随着电子商务的蓬勃发展，第三方支付行业也进入了快车道，并逐步向其他领域拓展，为我们的日常生活提供更多便利。同时，第三方支付企业之间逐步呈现出更加激烈的市场竞争，并开始多元化发展，由早期单一的电子商务支付服务逐步向航空、地产、保险、物流、教育等多个领域渗透，从传统消费领域逐步扩展到基金销售、证券投资、数字货币等金融投资领域，为我们的日常生活提供了极大的便利。

2.1.4　监管政策

随着电子商务交易的日益普及，与之相配套的网络支付快速发展，与网络支付相关的创新日益丰富，监管机构对网络支付的规范管理提上日程。从 2005 年央行发布《电子支付指引》和《支付清算组织管理办法(征求意见稿)》首次向市场表达要将第三方支付纳入监管的意图以来，央行陆续制定了一系列管理办法，规范第三方支付业务的发展。

2010 年 6 月，中国人民银行正式公布了《非金融机构支付服务管理办法》(以下简称《办法》)，明确指出市场中的各类非银金融机构如果要提供支付服务，应当依据本办法规定，按照相关程序申请取得《支付业务许可证》，成为第三方支付机构，这也同时确立第三方支付业务的法律地位。根据《办法》，第三方支付的业务范围是严格界定的，第三方支付机构就是在收付款人之间作为中介机构提供部分或全部货币资金转移服务。

2012 年 1 月，央行又发布《支付机构互联网支付业务管理办法》并向全社会征求意见，这对于中国金融结算市场发展以及金融服务体系的完善有着深远的意义。与此同时，社会各界对第三方支付机构的运营、监管等问题越来越关注。

自 2011 年监管规则确定后，中国人民银行先后多次向社会发放第三方支付牌照，截至 2018 年 6 月份，先后累计发放 271 家支付牌照。在实际经营过程中，随着市场竞争不断加剧，监管逐步收紧，部分支付公司存在违规违法经营，截至 2018 年底，有超过 30 家支付牌照由于违规经营被央行注销。

为了规范第三方支付市场，2016 年 10 月，中国人民银行发布了《非银行支付机构风险专项整治工作实施方案》，要求支付机构开展跨行支付业务必须通过中国人民银行跨行清算系统或者具有合法资质的清算机构进行。2017年8月，在中国人民银行的指导下，非银行支付机构网络支付清算平台——网联清算有限公司(Nets Union Clearing Corporation，简称NUCC)成立。网联成立后，所有的第三方支付都必须断开银行的直连，转而通过网联进行清算。

2.2 风险提示

在第三方支付发展的早期，随着电子商务的快速发展，第三方支付行业快速发展。第三方支付由于缺乏监管和竞争激烈，因而其在发展过程中出现一些乱象。

1. 恶性竞争

由于第三方支付是依托互联网运营的支付业务，同质性较强，行业竞争激烈，行业利润率不高，大量的第三方支付企业为了抢夺市场，出现了一些恶意竞争。某些第三方支付企业为了获取更大的利润，甚至帮助一些非法业务开展支付交易，成为网络赌博平台主要的资金支付渠道。例如，2008年6月欧洲杯足球赛期间，部分第三方支付平台等先后被曝为网络赌球提供资金流转服务；2009年9月，某第三方支付平台为上百家赌博网站等提供支付结算服务，据报道，该支付公司70%以上的收入来自非法网站的业务提成。

第三方支付行业的恶性竞争，甚至是非法经营，导致第三方支付面临着一定的经营风险和法律风险。

2. 资金挪用

在传统的第三方交易模式下，由于买卖双方通过第三方支付系统在资金收付过程中存在时间差，造成大量的资金沉淀在第三方支付的银行账户中，且沉淀资金随着业务量的扩展逐步放大，而按照我国《商业银行法》的规定，禁止任何个人或者机构“非法吸收公众存款，变相吸收公众存款”。第三方支付在开展电子商务支付时面临着一定的非法吸储风险。

《非金融机构支付服务管理办法实施细则》虽然规定每个第三方支付企业都需要向银行交纳一定的保证金，从一定程度上降低了客户在途资金的风险，但如果第三方支付机构发生经营危机，仍有可能引发系统性支付风险。同时由于监管放松，只有少部分第三方支付机构在银行开设了专门的无息账户保存这笔资金，而大多数支付公司未设置特定的无息账户，有的第三方支付甚至把这笔资金产生的利息作为主要的收入来源，这导致部分第三方支付企业在业务经营过程中出现资金挪用现象。

由于第三方支付交易过程中涉及大量的资金转移支付，早期的第三方支付存在着违规占用客户资金、挪用客户资金的问题，这会导致第三方支付存在违法经营的风险。

3. 洗钱套现

由于第三方网上支付是通过网络开展支付交易，因此第三方支付机构很难了解交易双方的真实身份，无法真正了解交易的真实背景，很难辨别资金的真实来源和去向。如果缺乏严格的风险预警和控制机制，第三方网上支付系统很可能成为不法分子非法转移资金、套取现金及洗钱的便利工具。此外，许多信用卡支持虚拟账户充值功能，买卖双方可以通过制造虚假交易，利用第三方网络支付系统由付款方通过信用卡透支消费，收款方在收到款项后提现，从而规避有关的利息费用，无偿占用银行的信用资金，而且这笔贷款无任何使用限制，存在极大的安全隐患。

由于第三方支付通过互联网开展交易，第三方支付交易过程中可能存在着虚假交易、洗钱套现等行为，这会给第三方支付的正常运营带来麻烦，给相关利益方造成损失。

4. 个人隐私泄露

互联网的开放性、隐蔽性、数字化等是网络隐私安全问题产生的最重要根源。由于从事网络活动而留下的数据具有一定的商业价值，尤其大数据集合具有很大的商业价值，因此网络环境下个人资料就具有了隐私权和财产权的双重属性，一旦资料被泄露并被不法分子利用，就有可能造成严重的经济损失。如 2007 年 6 月，由于一家第三方支付数据处理公司的安全缺陷，使得约 4 000 万张各种品牌的信用卡的资料被泄露。在网上交易中，由于消费者和商品提供者之间并没有直接接触，在第三方网上支付环境下，如果资金转账出现错误或收到的商品与商家描述的严重不符等，则对消费者权益的保护更为困难。

在第三方支付交易中，要注意保护个人隐私数据，避免个人数据丢失，造成损失。

5. 系统安全风险

由于第三方支付以互联网为依托，通过网络进行数据传输和存储，因此容易遭受病毒和黑客的恶意攻击，出现假冒客户身份、非法窃取或篡改支付信息等系统安全风险。第三方支付的安全问题一直是电子商务发展的“瓶颈”，在缺乏必要的安全防范措施的情况下，攻击者可以通过修改互联网传输中的支付数据，如修改付款银行卡号或密码、支付金额、收款人账号等，通过互联网进行消费或套现等，达到非法牟利目的。

在使用第三方支付过程中，一定要注意电脑系统安全、网络数据安全，增强风险意识，避免黑客攻击、密码被盗窃、出现钓鱼网站等风险。

6. 经营风险

第三方支付，通常是根据资金交易的流水收取一定比例的手续费。网络支付的蓬勃发展是平台生存的基础，第三方支付多年来一直以此种盈利模式为主。由于第三方支付必须要走银行通道，成本受制于银行，市场受制于银联，一些金融衍生品和用户经营受国家政策管制，金融创新举步维艰。同质化的经营，导致价格战升级，企业往往使用非常规的竞争手段以争夺更多的市场份额，忽视了产品创新和增值服务，进一步挤压了第三方支付市场的盈利空间，使得国内大多数第三方支付企业缺乏持续的盈利能力，因而也难以为用户提供持续、稳定、安全的服务。同时随着金融行业竞争的加剧，大量传统的金融机构、头部的互联网企业纷纷开始进入电子支付领域，使得第三方支付企业生存更加艰难。

在移动互联网成为主流的今天，移动支付已经成为第三方支付的主要战场。在移动支付领域，支付宝和微信支付两家几乎占据了 90%以上的市场空间，绝大多数的第三方支付处于生存困难的境地。

总体而言，由于现在第三方支付行业发展日趋规范，竞争相对比较激烈，同时国家的监管政策相对明确，监管力度也很大，因此，我们使用第三方支付过程中只要选择正规的支付公司，面临的风险就相对比较小，大可不必过于担心。

2.3　投资机会

由于第三方支付是一种基于互联网而衍生的第三方支付工具，一部手机就能解决所有问题，因此在支付交易中存在很多机会，不仅为我们提供了很多的便利，还为我们提供了很多投资机会。

2.3.1　优惠购物

俗话说："省钱就是赚钱。"现如今电子商务已经随处可见，移动支付已经随处可见。通常情况下，电商购物尤其是在出现优惠活动的时候，不仅能帮助我们获得更加优质的商品，同时还能帮助我们节省一定的费用。

对于大多数第三方支付，在市场开拓初期，为了获得新客户，提高老用户的黏性，势必要开展促销活动，补贴消费者，吸引消费者更多地使用自身的支付产品。例如，2017 年 7 月苹果官网更新了支付活动消息：2017 年 7 月 18 日至 24 日，凡在有银联云闪付标识的指定商铺，使用 Apple Pay 来支付，即可享受低至 5 折优惠，以及高达 50 倍的银行信用卡积分奖赏。这一周的市场活动，对于活动参与用户来说，其实是一个巨大让利。这里可以给大家一个示例：原来市场价 100 元的商品，如果你通过 Apple Pay 参与活动只需要 50 元，而且还可以获得 2 500 个信用积分，价值 5 元，实质上你购买这件商品只花费了 45 元。

2018 年 12 月，中国银联云闪付推出大力度优惠活动：用户通过银联云闪付 App，不仅所有的操作都免费，而且签到、转账、还款都可以领红包，最大红包可达 2 019 元。虽然每次红包金额不大，但是像这种类似的金融科技创新工具，无论如何反正我们都是要使用的，还能有优惠活动顺便参与，何乐而不为呢？

现在天猫、京东等大型电商平台每年都有天猫“双十一”、京东 618 等大型电商购物活动，吸引了大量的社会群众积极参与，引起了社会各界的高度关注。2018 年，天猫“双十一”单一天的总销售额就达到 2 135 亿元，开创了人类历史上单天零售交易的纪录。在每年的“双十一”或者京东 618，电商平台会联合大量的商家举行促销优惠，因此确实有很多商品非常优惠，值得我们关注。如果大家真的有需求，可以尽量选择在此时间段进行购买，利用平台自身的支付往往有更多的优惠便利，既便宜又实惠，能够充分享受电商购物带来的优惠便利。

其实只要大家细心，与第三方支付相关的优惠活动时常存在，尤其是对于一些新型的平台，或者在一些节假日，建议大家仔细留心关注，相信你也能发现一些机会。

2.3.2 跨境电商

随着全球贸易自由化的快速发展，人们的生活水平日益提高，我国跨境电商不断兴起，代购、海淘、跨境购成为一种新的购物方式。伴随着跨境电商发展规模的不断扩大，在实现商品和服务跨国流通的同时，跨境支付还需要实现资金的跨国流动，涉及不同法定货币的兑换支付等，并实现货物流、资金流、信息流的匹配，因此，跨境支付成为跨境电子商务交易顺利完成的关键一环。伴随着2012年5月中国跨境电商服务试点的启动，我国跨境电商逐步进入广大商家和消费者的视野，跨境支付日益成熟。

第三方支付中跨境支付功能为广大的跨境电商购物者提供了极大的便利。就消费者而言，用户只需在平台上付款下单、坐等收货，不用再担心以往代购、海淘物品被海关扣押或被罚没收的风险，电商平台负责关税申报，全程无障碍。

目前，国内已经出现了很多跨境电商平台，其中比较大的跨境购平台有天猫国际、京东跨境购、网易考拉等。

(1)天猫国际是阿里巴巴旗下的综合性购物网站，向中国和周边国家的客户销售全球知名商品，其市场定位是提供一个商品品质优良、消费风格清晰的消费平台。

(2)京东是中国最大的自营式电商企业，拥有超过3亿的用户，也是中国收入规模最大的互联网企业。它还在西班牙、俄罗斯和印度尼西亚设有业务，是世界上最大的电商平台之一，拥有成千上万的供应商和自建的物流基础设施。

(3)网易考拉是网易旗下以跨境业务为主的综合型电商。网易考拉主打自营直采的理念，在美国、德国、意大利、日本、韩国、澳大利亚、中国香港、中国台湾设有分公司或办事处，深入产品原产地直采高品质、适合中国市场的商品向消费者进行售卖。

跨境支付不仅大大推动了跨境电商的快速发展，还可以帮助出国人士实现旅游支付、留学支付和其他业务等，几乎涵盖了消费者跨境支付的大部分需求，极大地提升了我国居民出国旅游、深造、购物消费的体验。

2.3.3　宝宝类投资

2013 年支付宝推出余额宝，以高流动性、高收益率且可以随时购物等优势获得市场的极大认可，成为现金管理类必备的产品。2013 年 6 月余额宝刚成立时，基金规模只有 2 亿元。随着支付宝的宣传和导流，当年年末余额宝的规模就达到 1 853 亿元，占当时整个基金市场规模的 6%。余额宝背后的天弘增利宝货币基金迅速成为国内规模最大的单只基金。

1. 余额宝的本质

余额宝实质上是 T+0 货币式基金，是将天弘增利宝货币基金和支付宝联结起来，使得用户可以通过支付宝这一第三方支付工具，自动将支付宝余额转入余额宝，系统会自动申购天弘增利宝货币基金份额并享受相应的基金收益。

余额宝在使用上省去了传统基金和理财产品的申购步骤，大大降低了基金认购起点，也不设定存续时间。用户只要有闲散资金就可通过一次点击存入余额宝，需要赎回时则以 T+0 实时结算，自动卖出基金获得资金。余额宝良好的流动性满足了大部分小额理财的需求。在收益上，如图 2-1 所示，余额宝自成立以来七日年化收益率均在 2%以上，远高于同期的活期存款。以年均 20 000 元的闲置资金，平均 2.6%的年化收益率计算，如果把它放在余额宝中，与放在银行活期存款相比要多获得 460 元的收益，而流动性和安全性几乎不受影响。

余额宝，是第三方支付和货币基金创造的一个金融创新，受到了社会各界的积极关注。第三方支付作为货币基金代销的渠道，提供基金购买和赎回的支付工具，货币基金实现 T+0 实时赎回，为广大的互联网用户提供一种更低门槛、更高收益、更高流动性的投资产品，获得了市场的高度认可。

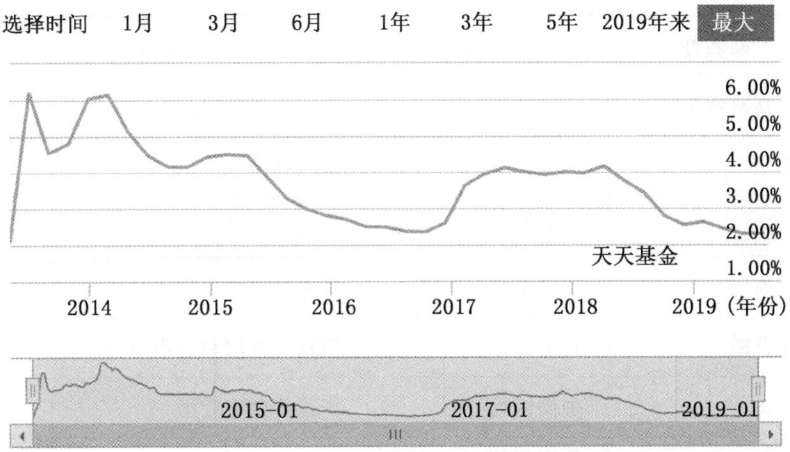

图 2—1　余额宝 7 日年化收益率

2. 宝宝类产品介绍

在支付宝推出余额宝后，市场高度追捧，各类“宝宝”纷纷出现。大量的第三方支付纷纷开始模仿跟进，如微信理财通、京东小金库、百度百赚等都在积极推广自己的宝宝类产品。不仅如此，各类传统金融机构如商业银行、公募基金等也创新推出了宝宝类产品，比较典型的和具有代表性的有微信理财通、京东小金库、中银活期宝等。

各类宝宝与余额宝类似，其背后对接的大多是传统公募基金已经成立的货币式基金，同时利用金融科技手段为客户提供 T+0 赎回服务。表 2—1 为市场中的宝宝类产品。

表 2—1　市场中的宝宝类产品

产品名称	平台	合作基金
京东小金库	京东	鹏华增值宝货币
富钱包	富国基金	富国富钱包货币

续表

产品名称	平台	合作基金
沃百富富钱包	中国联通	富国富钱包货币
活期宝	天天基金网	富国富钱包货币
e通宝	中海基金	中海货币 A
活期通	华夏基金	华夏现金增利货币 A/E
百度百赚	百度	华夏现金增利货币 A/E
薪金煲	中信银行	华夏薪金宝货币
增金宝	浙商银行	易方达增金宝货币
超级增值宝	建信基金	建信天添益货币 C

(1)理财通

理财通是腾讯旗下第三方支付公司财付通与各大基金公司合作推出的类余额宝理财产品。微信理财通,依托微信强大的社交生态体系,尤其是微信红包,一出现便获得飞速发展。用户使用微信里的理财通,不仅能享受通过微信直接购买理财产品的便利,还能享受微信红包等其他生活便利,可谓是一站式投资生活服务平台。

(2)京东小金库

京东金融中的京东小金库理财产品由京东支付联合鹏华增值利宝而推出。曾经有段时间京东小金库的七日年化收益率高达4.64%。京东用户申请开通后在京东退款能自动存到小金库中。“零用钱”主要对应消费场景,不仅支持白条还款,还支持信用卡还款、生活缴费等支付场景,而“理财金”则对接理财场景。

(3)中银活期宝

中银活期宝是中银基金推出的一款货币基金产品,主要投资方向为通知存款、定期存款以及大额存单等,且由基金托管银行对中银活期宝基金进行监控。这是传统的公募基金打造的宝宝类产品,并没有与特定的第三方支付绑定。这类公募基金推出的宝宝类产品的风险也是比较低的,流动性也比较好。

3. 宝宝类产品的选择

目前,市面上已经出现了很多的宝宝类产品,对于我们大多数普通投资者,如何选择一款高收益、高流动性的宝宝类产品呢?根据笔者的个人总结,推荐从以下三个维度进行考察。

第一,看产品收益。

目前,关于宝宝类理财产品有两个收益统计标准:一个是七日年化收益率,一个是每日万份收益,建议大家在选择宝宝类产品时一定要同时兼顾,不能只关注其一。在实际投资过程中,我们尽量选择两者都相对比较高的宝宝类产品。

第二,看产品灵活度。

对于宝宝类产品,我们不仅仅要看投资收益,还要考虑产品的流动性。我们在选择产品时要仔细查看宝宝类产品中的相关规定。例如,单日取现金额的上限是多少,提现后多久才能到账,否则当自己急需用钱时,却因为无法实时赎回宝宝类产品而耽误大事。例如,在实际使用过程中,我们会发现有的宝宝类产品单日快速提现额度为1万元,有的为2万元,有的可以在2小时内到账,但有的产品承诺4小时内才能到账。

第三,看平台安全性。

由于宝宝类产品的购买和赎回都是通过金融科技平台进行,因此在挑选宝宝类理财产品的时候,一定要重点考察平台的技术实力和系统的安全性。在实际投资过程中,我们可以尽量选择品牌知名度高、技术实力强、基金规模大的宝宝类产品,毕竟这样的产品安全性相对更好,用户体验往往也更好。

在实际投资过程中,建议大家使用专业的工具进行筛选,根据目前的市场环境,推荐大家选择东方财富旗下的天天基金。公司推出的“活期宝”产品比较好用(见图 2—2),可以简单、直观地帮助大家选择相对更高收益的宝宝类产品,同时还可以实现一键转换。

图 2—2　活期宝

与同期的银行存款相比,绝大部分宝宝类产品的收益更高,周期也更加灵活,而且流动性几乎等同于活期存款,是投资理财必备的基础产品。只要你有理财的意识,那么完全可以选择此类产品先试一试。一般来说,风险很低、流动性很好的产品基本可以当成流动性现金使用。当你要使用现金的时候,可以随时取出;当你找到更好的投资标的时,也可以随时转出,买入你想投资的标的。可以说,宝宝类产品是投资理财的首选,也是替代活期存款的首选;是投资理财的入门级产品,也是必备产品。

第3章　网贷投资

P2P 网贷利用互联网平台撮合借款人和投资者，一方面满足了大量中低收入群体的小额借贷需求，另一方面满足了大量小额资金的理财需求，因此经过几年便获得了巨大的发展。

无论是对借款人还是对投资者，P2P 网贷都有其独特的优势。对于借款人而言，P2P 网贷利用金融科技手段，创造了一种区别于银行间接放贷的融资模式，利用互联网可以直接、快速获得小额资金，是国家普惠金融的重要组成部分。对于投资人而言，P2P 网贷与传统金融机构的理财产品相比，具有门槛更低、操作更便捷、收益更高等优势，对于绝大部分投资者而言具有很大的吸引力。

3.1　产品分析

网络借贷即 P2P(Peer to Peer Lending)网贷，是指个体和个体之间通过互联网平台实现的直接借贷，包括个体网络借贷和企业网络借贷。P2P 网络信贷起源于英国，随后发展到美国、德国和中国等其他国家，其典型的模式为：P2P 网贷公司作为独立的第三方机构为用户提供互联网借贷信息，借贷双方在平台上自由竞价、自由撮合成交,网贷平台在借款成交之后收取一定的服务费。

3.1.1　业务模式

P2P网贷最早起源于英国的Zopa,后来逐步扩展到全球主要国家或地区。在欧美国家或地区,经典的P2P网贷模式是网贷平台仅为借贷双方提供信息流通展示、信息价值认定和资金转移支付等借贷相关的服务,并不实质性地参与到借贷利益链条之中。借贷双方通过P2P网贷平台提供的服务直接发生债权债务关系,网贷平台则依靠向借贷双方收取一定的手续费维持运营,这是P2P网贷最初的业务模式。

在P2P网贷传入中国后,大量的P2P网贷平台结合中国的国情和现状,通过平台自身增信、增加外部担保、利用风险准备金等模式,对自身的业务进行创新和改进,吸引了大量的投资者,累计发放了上万亿元的借贷规模,吸引了上千万的投资者,由此获得了巨大的成功。

在我国由于公民信用体系尚未规范,信用意识相对缺乏,传统的P2P网贷业务模式由于缺乏担保难以获得投资者的信任,因此很难落地运行。在P2P网贷最初的经营模式下,大量中小投资者无法识别风险,根本不敢投资。如果网贷平台无法保护中小投资者的利益,一旦平台借款人发生逾期等情况,往往会导致投资者血本无归。一旦网贷平台无法获得投资者的信任,则平台上的借款标的便无法真正撮合完成。因此,无论是借款人还是投资者都会离开网贷平台,P2P网贷就会出现无法运营的困境。

为了推动业务稳步发展、切实保证投资者的利益,我国境内的部分网贷平台逐步由信息中介转变为信用中介从而承担部分借贷风险。这从逻辑上也是成立的,因为在实际业务中,只有网贷平台才真正了解借款人的信息,才能评估真实的借贷风险。对于平台的借款标的,投资人根本无法真正了解借款人的真实情况,也无法评估借款人的真实资信,因而无法承担真正的风险。

对于平台上的借款标的，无论是网贷平台自主开发的，还是平台对接的外部业务，P2P 网贷平台都要对实际的借贷业务承担相应的风险。对于平台自主开发的借款标的，毋庸置疑，平台要对项目的风险进行实质性的兜底，保障投资人的真实利益。只有如此，才会有投资者来投资借款标的，促成借款落地。此时平台为了真正承担兜底风险，要么采用风险保障金到期兑付，要么采用外部担保到期代偿，必须要采用真实、可靠的增信措施，以此来获得投资者的信任，吸引社会闲散资金。当平台上的借款标的是 P2P 平台从外部机构引进时，也只有平台更加了解外部合作机构的实力水平、风控能力和业务模式等。因为第三方合作机构是平台选择的，只有平台才有可能全面评估合作机构的风险以及所销售的金融资产的风险，因此平台即使仅仅作为第三方机构的销售渠道，也应该对所出售的借款项目做好风险识别，切实保证投资人的利益。总结下来，无论 P2P 网贷平台采用何种业务模式，都要对平台上的债权承担相应的风险，否则根本无法获得投资者的信任。

其实我国 P2P 网贷在发展初期大多数平台也曾经试图定位为信息中介开展金融信息服务业务，但是由于往往难以获得投资者的信任，因而逐渐放弃。经过对市场不断地摸索，目前绝大多数网贷平台为了真正落地 P2P 网贷，不得已纷纷转为信用中介，开始逐步承担风险。

3.1.2　发展现状

2007 年底，我国首家 P2P 网络借贷平台——拍拍贷在上海成立，这让很多敢于尝鲜的投资者认识了 P2P 网络借贷。笔者也曾是拍拍贷平台上最早期的投资者，此后也一直关注整个行业的发展。互联网金融在经历了长期的缓慢发展后，2013 年阿里巴巴旗下的余额宝横空出世，点燃了一部分具有创业冒险精神的投资人的热情，互联网金融浪潮兴起，大量 P2P 网络借贷平台快速涌现。笔者此时也开始创业投入 P2P 网贷大潮，因此对于整个行业的起起伏伏深有感触。

2013 年，蚂蚁金服旗下的余额宝横空出世，引爆了互联网金融浪潮。

P2P 网贷在全国如雨后春笋般迅猛发展，各类投资者蜂拥而入。在 2016 年高峰时期，全国有超过 2 500 家网贷平台，全年累计放款规模超过 20 000 亿元，2016 年底贷款余额超过 8 000 亿元，比 2015 年全年网贷成交量(9 823 亿元)增长了 110%。2016 年网贷行业贷款余额已经达到 8 162 亿元，同比 2015 年上升了 100.99%，不能不说是野蛮生长。

随着互联网金融浪潮的不断兴起、大量网贷平台的涌现，各类 P2P 平台从业者都在大干快上，急于套现。行业中各种创新不断，各种玩法琳琅满目，为了吸引投资者，借款标的年化收益节节攀升，有的甚至突破 50%，网贷行业风险不断积聚。

2015 年底，e 租宝事件的爆发，犹如平地生雷，引爆了行业的多米诺骨牌效应。随后平台倒闭、跑路事件不时爆发，给大量的中小投资者造成了巨大的经济损失。国家出台了一系列与互联网金融风险整治相关的措施，监管政策不断加码，大量的网贷平台逐步退出，行业进入寒冬。截至 2019 年 6 月底，P2P 网贷行业正常运营平台数量下降至 864 家，合计贷款余额总量为 6 871.2 亿元。

3.1.3　监管历程

2014 年，互联网金融概念热火朝天，全国各地的 P2P 网贷蓬勃发展，曾受到政府的高度肯定和支持。2014 年两会期间，“互联网金融”曾被写入政府工作报告，明确提出要促进互联网金融健康发展，完善金融监管协调机制，推动互联网金融发展。

2015 年底，随着当时的明星平台——e 租宝事件的爆发，P2P 网贷行业快速降温，大量 P2P 网贷平台倒闭跑路，行业出现混乱现象，引起了社会的高度关注。2016 年 3 月，国务院在全国范围内启动有关互联网金融领域的专项整治，出台了《互联网金融风险专项整治工作实施方案》。互联网金融行业快速降温，P2P 网贷行业成了“过街老鼠，人人喊打”，真是此一时彼一时。

2018 年 6 月以来，P2P 网贷行业就进入了多事之秋，问题平台数量明显增加，投资人噤若寒蝉，平台倒闭事件不时发生。随着平台倒闭潮的涌现，大量的借款人故意拖欠逾期，大量的网贷平台资金流出现紧张，平台经营日益困难。2018 年 10 月，首批网络借贷平台借款人恶意逃废债信息被纳入央行征信系统，恶意欠款面临失信惩戒。

P2P 网贷在我国发展期间经历了各种跌宕起伏，引发了广泛的社会关注，涉及万亿元的资金规模，监管部门的态度也从积极鼓励变为抑制发展，可谓是一波三折。截至目前，针对网络借贷的监管政策仍未明确落地。

3.2　风险提示

3.2.1　网贷面临的风险

网贷行业面临的风险分为四类：道德风险、操作风险、信用风险和技术风险，这是投资者在投资 P2P 网贷时尤其要关注的四大风险。

1. 道德风险

平台道德风险是我们面临的最大风险，也是我们最应该关注的风险。由于 P2P 网贷平台缺乏监管，有些网贷公司可能通过发布虚假标的来欺骗投资者，用募集的资金来承接大股东的业务，投向房地产业、资源行业以及国家限制的过剩产能行业。另有一些网贷公司利用虚假标的将募集的资金自用，高息融资，要么拆东墙补西墙，要么为关联企业吸纳资金，以解决自身存在的资金难题，但当平台的正常利润根本无法支付高额的借款利息时，平台就面临倒闭跑路的风险，因而平台的道德风险是投资人面临的最大风险。

在监管缺失和行业无序竞争的情况下，平台为了获得资金，可能会做出一些违背道德底线的活动。一旦平台待收余额过高，借款人逾期严重，在遇到资金链断裂时，则容易引发平台跑路倒闭。因此，我们在实际投资中，一定要擦亮眼睛，选择平台经营时间长、贷款规模大、公信力强、诚实守信、违约成本高的平台。

平台的道德风险，主要是由平台的实际控制人及核心高管决定。因此，在评估平台的道德风险时，我们要重点考察两个方面：第一是要重点关注网贷平台的股东背景，努力找到平台背后的实际控制人，评估大股东的违约成本。大股东违约成本高、用户规模大的网贷平台，其面临的道德风险相对较低。第二是要仔细分析平台内部的操作流程、内部风控评审制度，评估网贷平台内部运营的操作风险。操作风险高的平台，其面临的道德风险也相对较高，这是我们要特别留意的。

2. 操作风险

从银监会颁布的《商业银行操作指引》可以看出，操作风险是指银行内部“由不完善或有问题的内部程序、员工和信息科技系统，以及外部事件所造成损失的风险”。与之类似，对于 P2P 网贷平台而言，操作风险是指网贷平台在实际运营过程中因为内部控制不当，从而给贷款者带来的利益损失情况。

随着互联网金融行业的不断发展，网贷平台作为一个市场化运营的中介机构必然要承担一些职责，其中主要职责是审核借款人的信用情况，根据业务情况制定相关的赔付制度，保障平台投资者的利益。在网贷平台经营过程中，其内部的风险控制是非常重要的，一旦操作不当，将严重影响平台的运营。

首先，网络信贷行业是一个新型的事物，处于一个成长期，还没有一个完备的信贷审核制度。目前，网络借贷公司还处于不断地探索完善中。我国网贷平台主要是采取借鉴学习的方式运营网络信贷业务，各大平台都在学习传统商业银行等信贷机构的内部运营和风控准则，同时结合自身的情况制定一套相对科学、合理的信贷审核制度，控制借款人的信用风险，保障投资人的利益。就目前而言，我国大多数的 P2P 网贷平台都没有一套完整的信贷审核体系，只有很少一部分大型的网贷平台建立了符合自身特色、科学、完整的信贷审核机制。

其次，在信贷从业人员素质方面，由于大量的 P2P 网贷平台迅速成立，很多网贷平台从业者缺乏金融从业经验，人员素质跟不上。目前在中国，P2P 网络信贷是一种新兴产业，行业发展不规范，监管政策不到位，缺乏普遍的社会共识，一方面，这个行业的从业者相对缺乏，大多数都没有得到相关的训练与统一的管理；另一方面，网贷平台准入的门槛不高，我国没有明确的法律法规来监督和管理，相关部门没有统一管理的从业人员和经营者。所以，目前这方面员工整体达不到应该具有的基本水平，自身素质还不够高。

最后，P2P 网贷行业缺乏监管，各平台的业务操作流程缺乏行业标准，在实际操作过程中各平台随意性大，操作风险大。在 P2P 网贷平台内部，大部分从业人员在评估借款人的信用、资产、还款能力上都没有统一的行业标准，贷后监控极其薄弱，很大程度上取决于自己的感觉，往往与客观事实存在偏差。这种感性的操作加大了网络信贷的操作风险，所以贷款人的利益是否能得到保障与信贷从业人员的素质和业务水平息息相关。

3. 信用风险

信用风险又称违约风险，是指借款者不遵守之前的合同约定，没有按时偿还借款，甚至逾期不还，给投资者造成经济损失。在贷款发生时，网贷平台的投资人一定要尽量了解借款人的个人信息，对借款人的资信进行初步的风险评估。在实际投资过程中，由于网贷平台上的投资者无法真实地接触到借款人，对借款人的了解极其有限，或者借款人故意隐匿自己的情况，贷款人难以对贷款的真实风险作出客观的判断，因此我们只能选择相信平台。

目前，我国运营的大部分网贷平台制定了针对投资者的相关安全保障措施。如果借款人不能按照合同约定按时还款，在特定情况下，网贷平台承诺会对贷款人进行一定程度上的赔付。在这种风险保护措施下，投资人面临的主要风险还是在于平台的道德风险和经营风险。比如，如果因为网贷平台不按照承诺赔付，或者网贷平台跑路倒闭等原因，平台贷款人则依然要面临着资产损失。因此，平台的贷款人在投资后不但要关注借款者的还款能力，更要随时关注自己投资平台的经营状况，做好风险防范，这能在一定程度上规避风险。

借款人的信用风险，是所有贷款中难以回避的风险。在P2P网贷投资中，我们只能简单、粗略地识别，真正的借款人的信用风险仍然是由网贷平台进行审核评估。因此，在投资的过程中，我们仍然要把重心放在平台上，高度重视网贷平台的经营状况，及时做好风险防范。

4. 技术风险

由于P2P网贷通过互联网技术开展借贷业务，因此在投资P2P网贷平台借款标的时面临着一定的技术风险。其中的技术风险主要由以下两部分组成：

第一是网络信息安全风险。每个网络信贷公司想要进行交易，需要的一个先决条件就是互联网，所以网络信息技术风险对网络信贷公司运营起着巨大的作用。目前，大多数的网贷平台都有自己的专业网站、移动App甚者微信公众号等应用，都需要配备实力较强的信息技术团队，专门维护自己的网络平台，减少由于网络信息技术的问题而带来不必要的损失。如果网贷平台一旦遇到网络信息安全风险，往往会造成业务办理速度减慢，增加交易成本，甚至导致数据丢失、业务停滞。由此可见，信息技术风险给网络信贷平台带来的损失远远大于一般的信贷模式，所以网络信贷公司必须拥有一个良好的互联网运营平台，有专业的信息技术团队进行维护，以减少技术风险。

第二是信贷技术风险。在国内，P2P网络信贷公司还处于发展初期，一般都是中小型公司，通常设立在发达的地方，但是网络信贷的工作本身又是面向全国各地，所以在全面管理上存在一些不可避免的问题。我国幅员辽阔，每个地方的人员素质差异较大，不同区域的借贷文化也存在很大的差异，公司很难全面地了解到每个借款者的实际情况。一旦遇到离公司较远的客户出现违约情况，网络信贷公司在处理这类客户时需要花大量的时间和资金成本，更严重的是无法收回借款。要想减少这方面的风险，平台必须通过科技手段获取更多借款人的信息，通过大数据、人工智能等技术识别借款人存在的风险，同时也要求平台的从业人员具备较强的信贷调查、审核等能力，才有可能减少因为信贷技术带来的风险，尽量避免借款人出现违约的信用风险。

3.2.2 防范网贷风险建议

为了规避投资过程中可能遇到的风险，我结合自身的从业经历，总结了一些防范网贷投资的风险，不一定完全准确，但我相信可以规避95%以上的"地雷"平台，能帮助你更加安全、稳健地获得投资收益，具体操作方法如下：

第一步，仔细查看网贷平台的介绍信息。通过互联网搜索引擎搜索平台的网站名称，打开平台网站，仔细看看网站的域名、备案、地址等信息是否与公司网站上的介绍信息相符。作为一家经营P2P网贷业务的公司，一定要本着踏实、严谨的态度做事，公司、域名、备案信息的准确无误是最最基本的要求。一旦发现信息不准确，请立即远离，我们绝对不能投资连平台运营方信息都不准确的网贷平台。这种信息不准确、简单拼装的网站在P2P发展的早期大量存在，随着市场玩家的不断增多、竞争的加剧，这种网站慢慢少了。但是对于投资的初始，我们还是要认真、仔细地查看，找到平台真正的运营方。

第二步，核实平台高管的信息。仔细查看网站的介绍信息，尤其是公司简介、高管团队等信息。网站公布的信息越详细、越准确，说明公司敢于公开，愿意承担责任，可信度也更强。建议对于不公开任何高管信息的平台，一定要慎之又慎。

第三步，仔细查看分析平台的股东背景信息。是否和网站上介绍的一致？是否与备案信息一致？平台是否有国资背景？平台是否有上市公司背景？如果有，上市公司的主营业务是什么？公司实际控制人是否为社会知名人士？公司注册资本是多少，是否实缴？同时，可以深入查询一下平台运营公司的股东社会影响力是否很大，通过各种信息渠道评估大股东的财务实力。查询股东关联企业的品牌价值如何，在这个过程中，一定要仔细辨别，认真分析；要练就火眼金睛，识别出夸大包装、过度宣传的平台，并规避此类平台。

第四步，查看平台的收费标准。平台服务标准是否清晰、合理？是否以客户服务为中心？平台的充值提现收费标准如何？到账时效如何？平台的收费标准是否在网站上有清晰、明确的公示？对于服务标准不清晰、没有明确列示的平台，建议规避。

第五步，仔细分析平台的业务模式。这是重中之重的一点。具体的分析步骤可以拆分为如下七个方面：

A. 平台上的债权是如何产生的？是平台自己发放的债权还是作为渠道代理销售第三方公司的债权？是线上直接撮合还是仅仅线上债权转让？债权是有担保的还是纯信用的？

B. 平台上债权的最终债务人是谁？是对公客户还是对私客户？是大企业还是小企业？是工薪白领还是小微企业主？是本地客户还是异地客户？大致评估他们的还款来源。

C. 平台是如何进行债权发布的？是每天固定发布还是不定时发布？债权的标的大小、期限如何？满标速度如何？平台上满标债权的总规模大概有多大？

D. 平台给投资者提供的风险保障措施有哪些？平台是否有资金托管？平台给投资者哪些保障？保障是风险保证金模式，还是担保公司担保模式？如果是保证金模式保障，则保证金如何累积、提取？如果是担保公司担保，则担保公司实力如何？

E. 平台上的债权一旦发生违约，平台是否有应急处理预案？如何进行应急处理？多长时间垫付给投资者？是垫付本金还是本息一起垫付？

F. 针对平台上的借款标的，随便打开两三笔，仔细看一下平台公布的信息，静下心来思考一下，假如你真的碰到了这个借款人，你愿意借款给这个客户吗？如果你自己觉得风险很大，不会借款给他，那么请远离这个平台。坚决不要因为有了这个平台，就觉得投资安全了。

G. 最后也是最重要的一点就是要仔细了解平台的真正老板是谁，尽最大可能地了解平台老板的诚信度、知名度、总身价等，认真评估：假如平台倒闭，对老板造成的损失成本有多大，大致估算平台跑路倒闭的风险。

在投资 P2P 网贷的过程中，我们要始终牢记：网贷平台的老板，才是真正的关键所在。你想一想：如果腾讯的大老板，真的搞了一个 P2P 网贷平台，你投资，怕什么呢？找到真正有背景、有实力、有人气、有极高的违约成本的平台，老板诚实、可靠，可以在很大程度上规避风险，博得高额收益。

综合上述几点分析和评估，我们发现 P2P 网贷虽然存在一定的风险，但其作为一个创新金融服务，可利用互联网平台为广大的借款人和投资人提供一个全新的机会。不可否认，当今行业产生了一些风险事件，但总体上利大于弊，仍然有利于社会发展，尤其对于民间借贷市场的阳光化有很大促进作用。从总体趋势看，P2P 网贷经过了一段时间的发展，日趋稳健，在控制风险的情况下，仍然存在着很大的投资机会。

3.3　投资机会

P2P 网贷从 2007 年传入我国，发展到今天经过了十多年，一些优秀的网贷平台，在经过多年的摸爬滚打，结合我国本土的金融环境创造了很多优秀的商业模式，为我国广大的中小投资者提供了很多很好的投资机会，截至目前的市场环境下仍然是非常好的一类资产配置。

P2P 网贷经过了多年的发展，已经创造出很多新兴的投资模式，而且收益远高于同期的银行理财，流动性与同期贷款相当，在目前的金融市场环境下，非常值得我们关注。

3.3.1　直接投资模式

P2P网贷的直投模式，顾名思义就是投资人直接出资投钱给网贷平台上的借款人，投资人通过网贷平台与借款人直接发生债权债务关系。在直投模式中，投资人通过P2P网贷平台寻找借款标的，根据自己的特定偏好将个人资金出借给有资金需求的借款方。根据借款合同约定，借款人在规定的期限内归还本金，投资人获得其相应的收益。例如，投资人利用网贷平台提供的功能，根据贷款期限、贷款金额、贷款利率等自行选择，直接参与投资。

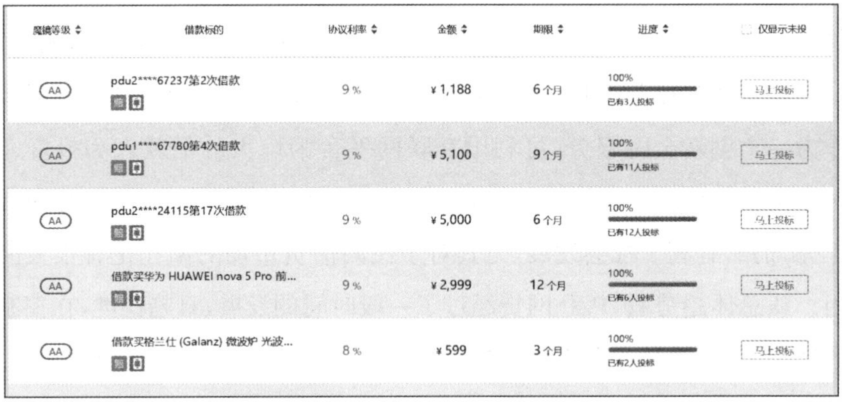

魔镜等级	借款标的	协议利率	金额	期限	进度	仅显示未投
AA	pdu2****67237第2次借款	9%	¥1,188	6个月	100% 已有3人投标	马上投标
AA	pdu1****67780第4次借款	9%	¥5,100	9个月	100% 已有11人投标	马上投标
AA	pdu2****24115第17次借款	9%	¥5,000	6个月	100% 已有12人投标	马上投标
AA	借款买华为 HUAWEI nova 5 Pro 前...	9%	¥2,999	12个月	100% 已有6人投标	马上投标
AA	借款买格兰仕 (Galanz) 微波炉 光波...	8%	¥599	3个月	100% 已有2人投标	马上投标

图3—1　P2P网贷直投模式

P2P网贷的直投模式具有业务模式简单清晰、操作简单的特点，因此受到广大投资者的高度青睐。直投模式是目前投资P2P网贷的主流模式。投资人根据自身的偏好，自行选择P2P网贷平台进行投资。操作流程如下：

A. 选择靠谱的平台。平台的选择对于投资人来说是最重要的一步，也是最早的一步。这里要着重考察平台的综合实力，查找平台的真正老板以及平台信息的准确性，如果有条件最好能够实地考察一番，直观地感受一下平台的经营实力、管理能力、操作流程等。

B．注册平台账号，成为网贷平台的会员。如果投资人要达到分散投资、降低风险的目的，则最好选择多个平台，分别进行注册，分散投资。这里请注意记录一下自己的注册信息，以免遗忘。

C. 在平台注册完成，实际投资前，投资人必须选择进行充值。这里我们要仔细辨别，平台是否对资金进行了存管、我们充值的资金去向何在。建议我们要远离未进行银行托管的平台。在充值完成后，投资人账户中就拥有了可投资的资金，此时我们可以对借款标的进行筛选和辨别，对选中的借款标的进行投资。

D. 借款标的到期，投资人可按约定获得借款人偿还的利息和本金；资金到账后，投资人可以申请提现或者继续投资。

在目前的市场环境下，参与直投模式的 P2P 网贷主要有两大类玩家：一类是专营 P2P 网贷的平台，也是目前的主流模式，如拍拍贷、微贷网等；还有一些一站式理财平台对接了各类金融机构，为客户提供多样化的基金、保险、信托等多种理财产品，同时也提供与 P2P 网贷相关的理财产品，如陆金所、宜信财富等。具体选择哪种，投资者可根据自身的偏好自由选择。

经过几年的发展，市场中 P2P 网贷平台数量众多，平台上的借款标的种类也在不断创新，不仅有在线的撮合业务，还有原有债权收益权转让等标的，因此投资人在实际投资过程中可选择的范围较广。为了规避系统风险，投资人最好精选 3～5 家稳健的平台，采用分散投资的方式来合理地规避风险，避免个别借款标的逾期，或者是个别平台倒闭，而造成大规模的本金损失。

3.3.2　垂直搜索模式

除了直接投资，投资人还可以通过垂直搜索实现对 P2P 网贷产品的投资。垂直搜索平台主要是为投资人提供与理财产品相关的搜索，以及与理财产品对比的一个平台，同时为用户提供间接投资的通道，帮助投资者可以直接购买多个网贷平台的债权。大部分的理财平台不仅提供了理财产品信息,有些平台还会为投资人提供理财资讯,供投资人参考。

投资人通过垂直搜索平台,进行 P2P 网贷投资的操作流程:

A. 通过垂直搜索,选定偏好的期限、收益率、安全等级等因素,搜索相应的 P2P 网贷产品。

B. 对搜索到的 P2P 网贷产品进行比较,综合分析各 P2P 网贷平台的实力、风险保障机制、收益率、期限等,选择合适的理财产品进行投资。

C. 通过垂直搜索链接到平台,对选定的产品进行投资,这里的投资流程与直接投资模式类似。有一些垂直搜索平台,还提供了快捷登录的功能,帮助用户自动关联并登录到各个网贷平台,在投资人注册账户后,可以直接在 P2P 网贷平台上进行充值投资。这就帮助用户免去了多次注册的工作,能更好地帮助用户实现注册多平台、分散投资的目的。

D. 标的到期后,投资人获得本金和利息,可以申请提现或者继续投资。

近年来,关于理财产品的搜索引擎逐渐增多,不少互联网理财平台纷纷新增 P2P 网贷理财频道,也出现了专门提供 P2P 网贷产品的垂直搜索的平台。根据业务类型来看,P2P 网贷的搜索引擎可以分为两大类:一类是大型的综合类理财搜索引擎,其业务范围涵盖市面上主流的理财产品,如东方财富、京东金融等;另一类是专业的垂直搜索引擎,其理财产品主要是 P2P 网贷理财产品,如投之家、好投网等。通常情况下后者的专业度一般都高于前者。在投资的过程中,我们一般还是选择专业度更高的搜索引擎,可以在一定程度上帮助我们筛选更好的平台,规避风险。

3.3.3 基金投资模式

除了上述两种模式以外,投资人还可以通过参与基金的方式间接参与投资 P2P 网贷产品。基金投资模式分为两种:一种是通过有限合伙私募基金形式进行投资,另外一种是通过类 ETF 网贷基金的形式进行投资。

1. 有限合伙模式投资P2P网贷

投资人采用有限合伙形式的私募基金模式投资P2P网贷产品的方式与一般的私募基金投资模式相同。基金管理机构作为普通合伙人对合伙债务承担无限责任或者连带责任。

有限合伙基金投资P2P网贷的流程：(1)投资人根据自身的偏好，基金公司的规模、基金管理能力、基金费率等相关条件，选择合适的基金管理机构。(2)投资人可以仔细分析基金投资方案，评估投资的可行性。投资人一旦决定投资，要与基金管理机构达成一致后签署合伙协议等法律文件，签订好相关文件后再进行打款投资。(3)基金到期后，投资人按照约定的方式收回本金及收益。在特殊情况下，投资人也可以提前赎回。

2. 类ETF基金模式投资P2P网贷

类ETF基金通过将多家P2P网贷平台债权打包成一个产品，将底层债权收益权转让给投资人。请注意这里的债权债务关系本质没有发生改变。类ETF基金只是将债权的收益权进行了再次转让。ETF基金具有“基金”的一般性特征：分散投资、专业化管理、更好的流动性。

类ETF基金投资流程：(1)投资人注册类ETF基金平台账号，并绑定银行卡进行充值，选择相关的基金产品。(2)投资人对基金产品中包含的债权标的进行一定的分析，可以对债权标的平台进行研究，包括网贷平台的风险保障措施、资金实力、风控流程等，选定优质的网贷平台。(3)网贷基金到期后，投资人获得投资收益及本金，可以继续选择投资，也可以选择撤资。

P2P网贷平台的投资标的作为网贷基金的主要债权类型。网贷基金平台会通过线上数据抓取和线下实地抽查等方法，对P2P网贷平台及其债权进行评级和筛选，以筛选更加优质的平台，降低风险。

目前，市场上网贷基金平台已经有很多，例如投之家、投友圈、米袋计划等。我们在选择网贷基金的时候不仅要看具体的投资标的，更要认真选择这些网贷基金及背后的管理机构。

网贷基金大体上可以分为活期产品和定期产品两种。无论活期产品是否与余额宝类似,其底层的资产均为P2P网贷平台的债权,因此往往风险更大,收益也更高。网贷的活期产品,通常在T+1日开始计息,并且允许客户可以随时赎回。定期产品类似于银行的理财产品,规定了投资期限和投资收益率,通常投资期限越长,年化收益率也越高。

综上所述,投资P2P网贷的三种模式都有各自的优、缺点,投资人可以根据自身的情况,综合考虑期限、收益等选择合适的投资模式进行投资,以获取最大的投资收益。

第4章　网络众筹

网络众筹，是一种新型的融资方式，通过互联网聚合众多小额投资者为项目募集资金。与P2P网贷相比，网络众筹通过互联网宣传推广项目，采用社交网络将个人投资者和项目发起人联系起来，给广大的中小投资者提供一个公开的投资机会。网络众筹不承诺对投资人的固定收益或回报，而是通过实物、服务、股权等形式回馈投资者。

凭借“大众创业，万众创新”的东风，2015年中国网络众筹市场迅猛发展，尤其是股权众筹由于其更强的金融属性，因而赢得了社会各界的广泛关注。2015年5月，国务院批转了发改委《关于2015年深化经济体制改革重点工作的意见》，明确提出要“开展股权融资试点”。股权众筹作为面向大众创业者、非常高效、极低成本的融资模式，积极响应国家双创的政策需求，正逐步得到社会各界的认同。

4.1　产品分析

“网络众筹”一词来自英文crowd funding，即大众筹资或群众筹资，是通过互联网平台向大众展示创业项目，募集社会闲散资金投入项目运营的商业模式。网络众筹借助金融科技平台让小企业主、艺术家或个人对公众展示他们的创意，争取大家的关注和支持，进而获得所需要的资金援助。其中的股权众筹是广大的小额投资者通过股权众筹平台参与出资，为创业公司提供资金支持，获得创业公司的股份，帮助创业公司实现快速发展，分享企业未来的成长收益。

4.1.1 业务模式

网络众筹是指通过互联网平台发布筹款项目，利用社交网络不断扩散传播，向广大的互联网网民募集资金的一种新型的业务模式。相对于传统的线下合伙融资方式，网络众筹更加开放、更加灵活，项目方能否获得资金支持也不是项目商业价值的唯一标准。无论什么类型的项目，只要能够获得广大网民的关注，都可以通过网络众筹的方式获得项目启动的第一笔资金，这为更多小本经营或缺乏资金的创意人士提供了无限的可能。

1. 网络众筹的分类

根据众筹资金属性和资金用途的不同，我们可以将网络众筹分为产品众筹和资金众筹两大类。产品众筹，是众筹募集的资金用于单个产品或者具体的项目，更像是电商业务；资金众筹，是众筹募集的资金用于公司运营或个体借贷，更像是金融业务。

(1)产品众筹

产品众筹，更多的是偏重产品或服务的销售，实质是电子商务中的“团购＋预售”模式，是一种产品或服务的预售。在产品众筹模式中，众多投资者出资购买的并非是创业公司的股权，而是一个未来可以获得的产品或服务。

根据最终获得产品类型的不同，我们可以将产品众筹细分为奖励型模式和公益型模式两大类。

①奖励型众筹

奖励型众筹是指投资者在众筹平台上进行投资，以期望未来获得相应的奖励，投资者持有的是受益权而非股权。奖励型众筹，根据奖励产品的不同可以分为物权型和权益型。

奖励型众筹可以帮助项目方提前获得资金支持，投入产品研发和运营，还可以在不付出企业股权的前提下获得前期的种子用户，对项目方产生双重的利好作用。奖励型众筹结合了项目融资及市场调研的双重作用，通过预先销售的形式获得资金，同时还可以确认人们对产品的真实需求，了解市场的真实反馈。通过奖励型众筹，如果项目的众筹融资达到了超募的效果，那么意味着项目方的产品或服务符合当下的流行趋势及热潮，得到了广大网民的认可，这对未来项目的落地运营，甚至是股权众筹或风险投融资都能起到很大的帮助作用。

②公益型众筹

公益型众筹是指通过网络众筹的方式发布筹款项目并募集资金，用于公益项目，回馈社会。相对于传统的公益融资方式，公益型众筹更为开放。只要是网友喜欢的项目，都可以通过公益型众筹的方式获得项目资金，用于社会公益。公益型众筹为更多的公益机构提供了无限的可能。无论基金会、注册机构、民间组织，只要是公益项目就可以发起，获得资金支持。

公益型众筹的方向多种多样，公益项目类别包括助学、助老、助残、关爱留守儿童等，基本上只要是公益性质的项目，几乎都可以通过众筹吸引公益爱好者参与。

(2)资金众筹

资金众筹模式下，项目方更多的是资金的募集和投资，其中的股权众筹更多的是偏重于创业公司的股权融资。众多投资者出资购买的是创业公司的股权，是一种金融投资。资金众筹最经典的模式就是本书第三章中讲到的 P2P 网贷。本章重点描述股权众筹。

股权众筹是金融科技业务中一种非常重要的业务形态，是新金融体系中重要的融资形式，是多层次资本市场的重要组成部分。根据国际证监会组织（IOSCO）的定义，股权众筹是指通过互联网技术，从个人投资者或投资机构获取资金，充当股本金投入融资企业的金融活动。2015 年 7 月，中国人民银行等十部委联合发布《关于促进互联网金融健康发展的指导意见》，对股权众筹行业进行了明确的界定。该意见中明确，股权众筹融资主要是指通过互联网信息中介平台，向社会大众开展的公开小额股权融资的活动。

股权众筹是指创业公司通过网络众筹平台，面向广大的中小投资者募集资金，出让一定比例的公司股份，投资者通过出资入股公司，分享公司未来的成长，获得未来的收益。这种基于互联网渠道而进行股权融资的模式被称作股权众筹。股权众筹实质上是私募股权的互联网化。股权众筹的融资人大多为初创期的企业或处于单个项目的早期发展阶段，因此从投资阶段来讲，种子期和初创期企业占比较高，至少高达 90%。

根据股权众筹业务模式中是否对投资人进行担保，可将股权众筹分为两类：无担保的股权众筹和有担保的股权众筹。

①无担保的股权众筹

无担保的股权众筹是指投资人在进行众筹投资的过程中没有公司大股东或者第三方的公司提供相关权益问题的担保责任，也就是我们通常所说的无任何增信的股权投资，这是股权投资中最常见的业务模式。目前国内大部分股权众筹都是无担保的股权众筹。

②有担保的股权众筹

有担保的股权众筹是指股权众筹项目在进行筹集资金时，为相关投资者提供一种固定期限的担保责任。

提供担保的方式通常有两种：一种是有某些抵押品进行担保。在某些具有实体店铺、经营场所的案例中，项目方为获得投资者的信任承诺抵押给投资者；另一种是大股东提供固定利率的回购措施，更多的是明股实债。

无论何种形式的众筹，都能充分利用互联网的特性帮助项目方宣传项目、测试市场，同时还能获得低成本的资金，对于创新创业、创意发现都具有非常积极的推动作用。

2. 网络众筹的优势

从形式上看，网络众筹和过去传统的线下合伙做生意类似，但网络众筹作为一种新型的金融科技业务，借助互联网拓展业务，与传统的合伙生意相比具有明显的优势：

(1)拥有更低的门槛。在网络众筹中，不论身份、地位、职业、年龄、性别等，资金募集者只要有好的想法和创造力，都可以通过网络众筹公开募集资金。

(2)可汇集更多资源。网络众筹的支持者通常是广大的互联网网民，数量众多且有利于传播，能够起到聚沙成塔的作用。通常参与众筹的项目方往往都不是大型公司、知名企业或明星投资人等，在实际项目的运营过程中，也恰恰需要大量的资源。

(3)玩法更多样。网络众筹设计非常灵活，可以采用多种形式，不仅可以是单个项目的众筹，也可以是股权层面的众筹，还可以是公益类众筹。项目的类别也可以多种多样，可以有设计、科技、音乐、影视、食品、漫画、出版、游戏、摄影等多个类别。

(4)更具实操性。网络众筹的发起人必须将自己的创意设计成一个独立完整的作品，并做好详细的可行性分析，达到可展示的程度，才能通过平台的审核，而不单单是一个概念或者一个点子。

正是由于网络众筹依托移动互联网、网络社交等拥有更大的优势，因而得到了社会各界的高度关注，取得了快速的发展。其中的股权众筹，作为一种依托互联网而开展的股权投资业务，更是多层次资本市场的重要组成部分，是普惠金融的重要展现形式。

(1)发挥互联网的优势，推动普惠金融发展

股权众筹通过互联网平台进行大量的推广和宣传，多次曝光，拥有大量的网络用户，这使得它能得到更广泛的关注，同时其股权投资的价值也能得到更充分的体现。当股权众筹产品通过互联网平台发布以后，由于信息公

开、透明，从而使其自身的真实价值得到一个更为客观的评价。

在传统融资体系中，因投资门槛和信息不对称等因素，普通个人投资者很少有机会参与初创企业股权投资、分享初创企业的未来成长收益。另一方面，大多数初创企业由于前期商业模式相对模糊，规模体量较小，融资渠道相对狭窄，往往极度缺乏资金。由此可见，股权众筹对促进金融公平、推动普惠金融发展、增进社会公平感具有重要的社会价值。

(2)扩大企业的宣传力度，助推企业快速发展

股权众筹模式，通过互联网公开宣传推广创业企业，为其业务进行大量的品牌宣传，收集市场反馈，并募集用户资金，同时出让部分股份，让投资用户共同分享企业未来的成长收益。创业企业通过互联网平台进行股权融资，本身既是面向投资人的融资行为，也是一种面向大众的市场营销行为。传统融资基本上只有投资者和创业者自己了解情况，如果融资金额不大，企业的股权融资就不会成为社会爆炒的热点话题，创业企业几乎很难利用互联网获得大力的宣传推广。

对融资企业而言，通过股权众筹的方式不仅吸引圈子中有资源和有人脉的投资人，筹措了发展过程中需要的资金，更重要的是锁定了一批忠实客户，扩大了市场宣传的影响力度，为企业未来的发展做好铺垫。

(3)激发创业激情，推进双创落地

2015 年 6 月，国务院出台了《关于大力推进大众创业万众创新若干政策措施的意见》，极大地激发了社会大众的创业热情。但是，创业者在创业初期的融资尤其困难，虽然创业者拥有很好的商业思路，但是受困于融资渠道的匮乏和高额的融资成本，许多创业项目面临着融资难、融资贵的困境，往往在吸引到资金前就已经夭折。

股权众筹借助互联网金融平台成为更加迅速、直接和社会化的融资方式，既能拓宽创业者的融资渠道，有效地解决大量小微企业“融资难、融资贵”的困境，也让更多的投资人为创业企业提供除资金以外的智力资源、客户资源、人力资源等帮助，有效地降低创业风险，提高创业的成功率。另一

方面，股权众筹能明显地改善创业环境和创业氛围，激发创业活力，进而逐渐构建出一个创新创业的良性循环生态环境，从而真正服务于“大众创业、万众创新”的国家战略，推动我国经济转型发展。

3. 网络众筹的运营模式

网络众筹与 P2P 网贷业务类似，由众筹平台作为第三方中间人，利用互联网平台帮助项目发起人发布融资项目，向广大投资人宣传推广项目，并募集资金用于项目发展。网络众筹业务中涉及的主体包括众筹平台、发起人、投资者三个部分，三者之间的业务关系如图 4—1 所示。

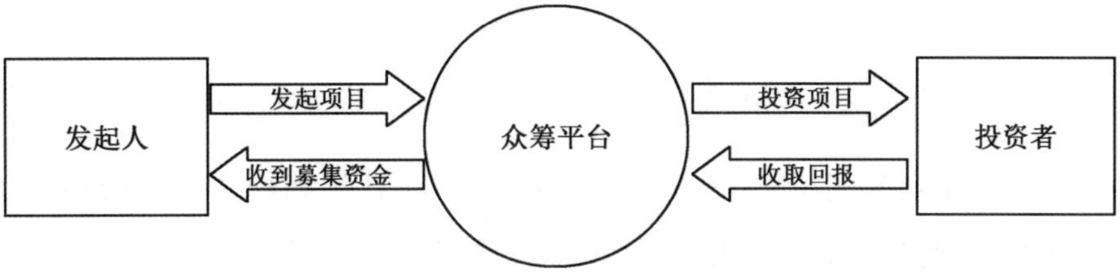

图 4—1　网络众筹的组成

众筹平台是开展网络众筹业务的互联网信息中介平台，是连接众筹发起人和项目支持者的互联网平台，为项目发起人和互联网投资者之间提供信息撮合服务。发起人一般是指有创造能力但缺乏资金的人，即融资方，大多数情况是初创型的小微企业，它们具有良好的项目或创意，但是缺乏创业启动资金，是网络众筹项目的发起方。投资者是对筹资者的故事和回报感兴趣的，愿意投入资金参与众筹进行投资的人，目前主要包括领投人和跟投人。领投人一般是经验丰富的专业风险投资人，单笔投资金额比较大；跟投人是众多的小额投资者，通常缺乏专业的股权投资判断能力，跟着领投人选择跟投。投资者通过众筹投资，获得融资者的股权，帮助小微企业获得融资，分享企业未来的成长收益。

为了保证网络众筹平台的正常运作，为项目方和投资者提供投融资撮合服务，项目方在众筹平台上发布众筹项目时需要满足如下三条业务规则：

(1)众筹平台上筹资的项目，首先必须真实、可靠，能够落地运营。其次项目方必须有明确的信息披露、募集金额和项目回报，必须在发起人预设的时间内达到或超过目标金额才算成功。

(2)项目众筹成功后，发起人可获得资金支持；筹资项目实际运营后，支持者将得到发起人预先承诺的回报，回报方式可以是实物，也可以是服务。如果项目筹资失败，那么已获资金将全部退还给支持者。

(3)参与网络众筹的支持者，必须要承担未来的不确定性风险，以期获得相应的回报。项目发起人需要有一定的项目运作能力，保障众筹支持者的回报。

4. 网络众筹盈利模式

由于产品众筹实质上是一种电商模式，因此其盈利模式与传统电商类似，其收入主要是众筹平台的服务费模式或者产品的销售差价。本节重点讨论股权众筹的盈利模式。

由于股权投资的金融属性强，股权众筹具有股权投资的特性，具有投资风险高、投资周期长等特点，因此，通过股权众筹平台，挑选投资项目一定要非常仔细和慎重。目前，在市场上大多数中小企业中，能够获得股权众筹融资的项目仍然非常有限，这导致市场上绝大部分的股权众筹平台业务规模比较小，多数平台仍然在不断地探索新的盈利模式。根据当前股权众筹业务的发展现状，股权众筹平台的盈利模式主要有三种：

一是平台佣金模式。这是当前现阶段股权众筹平台采用最多的一种业务收费模式，与多数的中介业务类似。在众筹项目融资成功后，众筹平台向融资者收取一定比例的成交中介费，或称为佣金、手续费，通常是融资金额的3％～5％不等。根据项目类型、项目大小、融资额度等不同，市场上没有固定的比例，视各家平台的实际情况而定，这是一种非常简单的收费模式。此种模式下，平台的主要收入是根据平台上众筹成功的项目融资总额来决定。

二是平台用服务换取众筹项目的股权。股权回报模式即创业公司通过股权众筹平台获得融资后，众筹平台获得融资项目的部分股权作为回报。有的股权众筹平台除收取手续费以外，还要求获得融资项目的部分股权，也有平台仅仅只获取股权回报，而不收取其他中介费用。该种模式下，众筹平台实质上是用自身的服务换取众筹企业的股权。

三是平台收取增值服务费模式。增值服务费模式即股权众筹平台为众筹企业提供创业孵化、场地租赁、财务管理、法务咨询等在内的各项创业增值服务，并对这部分增值服务收取一定服务费的模式。

综上所述，股权众筹各收费模式的比较如表 4—1 所示。

表 4—1　　股权众筹收费模式

收费模式	优　势	劣　势
佣金模式	直接获得现金回报，收益明确	在项目较少的情况下，仅靠佣金平台收益有限
股权回报模式	项目一旦众筹成功，股权顺利退出，平台能够获取较大的利润	由于股权投资具有长期性，顺利退出股权需要较长时间，短期内难以获利
增值服务费模式	交易匹配的增值服务，能够真正解决创业企业和项目的痛点	创业孵化的成本较高，现阶段平台难以支持

5. 股权众筹业务流程

股权众筹平台要想吸引大量的众筹投资者，获得更大的市场规模，必须要有大量优质、可靠、风险可控、有增长潜力的众筹项目作为基础。如何快速、有效地找到优质的股权众筹项目，是目前各大股权众筹平台都在积极探索实践的。

根据当前股权众筹业务的市场发展状况，股权众筹业务还处于发展的初级阶段，目前比较常见的股权众筹流程是：创业者在众筹平台上发布自己的创业项目—投资人通过平台投资项目并获取公司的股权—创业者持续运营公司—投资人取得公司股权增值回报，流程如图 4—2 所示。

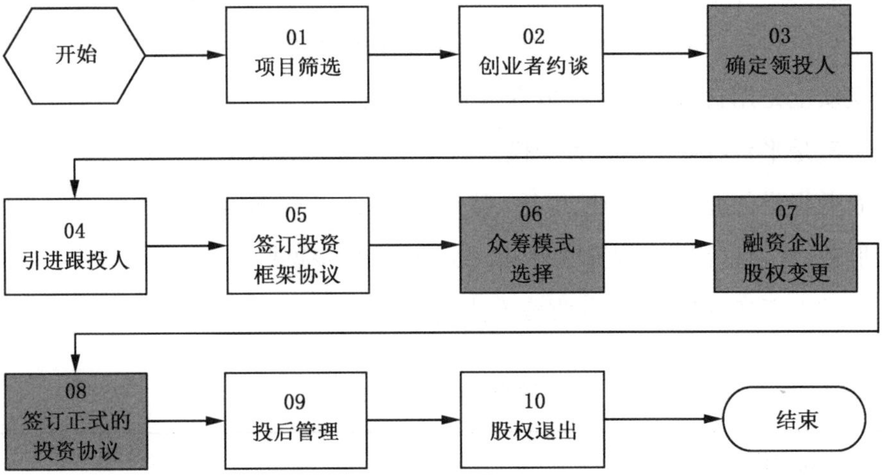

图 4—2　股权众筹操作流程

（1）众筹项目筛选

能够快速、低成本、高效率地筛选出优质的众筹项目，是股权众筹发展的基础。需要融资的创业者通过优质的项目，利用股权众筹平台出让股份，才能吸引大量的闲散资金，帮助更多的小额投资者分享公司高速成长带来的收益。

拟进行股权融资的创业者，首先在线注册成为股权众筹平台的会员，将与项目相关的基本信息、团队信息、商业计划书等资料上传至众筹平台。平台在收到项目资料后将安排经验丰富且高效的投资团队对每一个项目做出初步审核，并与创业团队进行详细沟通，帮助创业者完善必要的信息，提升商业计划书的质量。项目通过审核后，创业者就可以在平台上与意向投资人进行联络，交流项目信息。

（2）创业者约谈

股权众筹的投资标的主要为初创型的小微企业。初创型企业的产品和服务研发正处于起步阶段，商业模式尚不清晰，业务收入非常少，投资人决定投资与否的关键因素就是投资人与创业者之间的沟通和了解。多数投资人均表示创始团队是评估项目的首要标准，即使项目在目前阶段略有瑕疵，只要创始团队踏实靠谱、学习能力强、有格局、有诚信，投资人也愿意对其进行投资。

(3)确定领投人

优秀的领投人是股权众筹发展的关键所在。股权众筹项目能否吸引小额投资者，主要看项目的领投方。领投人通常为职业投资人，在股权投资领域有丰富的专业经验，具有独立的判断力、丰富的行业资源和影响力以及很强的风险承受能力，能够非常专业、有效地协助项目完善商业计划书，确定项目估值、投资条款和融资额，协助项目路演，完成本轮跟投融资。在整个众筹的过程中，由领投人领投项目，投资大比例的资金，负责与项目方共同制定投资条款，并对项目进行投后管理、出席董事会以及后续退出。通常情况下，领投人可以获得 5%～20%的利益分成作为权益，具体比例根据项目和领投人共同决定。

(4)引进大量跟投人

网络众筹的核心是大量的投资人参与，因此吸引大量、小额、分散的众筹投资者即跟投人，是股权众筹的真正意义所在，也是普惠金融的重要体现。如果是单纯的领投方进行股权投资，则完全可以采用线下传统的私募股权投资，更加简便、直接。因此通过股权众筹平台，结合领投方的品牌实力和专业判断，吸引大量的小额跟投人参与股权众筹，是发展普惠金融的根本所在。通常情况下，跟投人的投资金额相对比较少，不参与公司的重大决策，也不进行投资管理。跟投人通过跟投项目获取投资回报。同时，跟投人有全部的义务和责任对项目进行审核，领投人对跟投人的投资决定不负任何责任。

(5)签订投资框架协议

投资条款清单是投资人与参与众筹的企业就未来的股权投资合作交易所达成的原则性约定，除约定投资人对被投资企业的估值和计划投资金额外，还包括被投资企业应负的主要义务和投资者要求得到的主要权利，以及投资交易达成的前提条件等内容。投资条款清单是在双方正式签订投资协议前，就股权投资过程中的重大事项签订的意向性协议，除了保密条款外，该协议本身并不对协议签署方产生全面的约束力。

在股权众筹中，投资条款清单主要包括公司价格和控制条款两个方面：价格包括企业估值、出让股份比例等，实际上就是花多少钱，买多少股份；控制条款包括董事会席位、公司治理等方面。对于早期创业者来说，如何快速获取第一笔投资尤其重要。因此，尽可能地简化投资条款，在很多时候反而对创业者和投资人都相对有利。近期随着天使投资业务的不断扩大，天使投资的条款清单有逐步简化的趋势，例如，国际数据集团（International Data Group，IDG）、真格基金等推出一页纸投资条款清单，仅包含投资额、股权比例、董事会席位等关键条款，看上去非常简单易懂。

（6）众筹模式选择

在股权众筹的交易过程中，领投人与跟投人会根据实际情况选择入股创业企业的众筹模式，通常有两种：一是设立有限合伙企业以基金的形式入股，其中领投人作为普通合伙人（GP），跟投人作为有限合伙人（LP）；另一种则是通过签订代持协议的形式入股，领投人负责代持跟投人的股份，并担任创业企业董事。目前主流的操作方式是所有众筹参与方共同发起成立有限合伙企业，然后再通过有限合伙企业入股创业企业。

采用有限合伙形式可有效避免双重税负，而且操作相对比较简单，权责也比较清晰，因此是当前股权众筹业务中主流的众筹模式。

（7）融资企业股权变更

众筹成功后，需要将领投人和跟投人成立的有限合作企业作为股东，加入融资企业。项目发布方募集资金后，若创业企业已经注册公司，则直接进行股东变更，增加注册资本，增加有限合伙企业的股东；若没有注册公司，则直接将有限合伙企业作为创业企业的股东，新注册有限合伙企业并办理工商登记。

(8)签订正式的投资协议

正式的股权投资协议是股权众筹投资过程中的核心交易文件，包含投资条款清单中的主要条款和相关约束条件，是融资企业和众筹投资者之间非常重要的股权投资合约。正式的股权投资协议主要规定了投资人支付投资款的义务及其付款后获得的股东权利，并以此为基础规定了与投资人相对应的公司和创始人的权利及义务。协议内的条款可以由投融资双方根据需要选择增减。

由于股权投资通常期限比较长，企业未来经营面临诸多的不确定性，因此，参与股权众筹双方都需要长期妥善保管该投资协议，以便后续进行投资管理和项目跟踪。

(9)投后管理

股权众筹的交易中，除资金以外，众筹投资人尤其是领投人需要利用自身的经验与资源，为创业者提供投后管理服务，可以帮助创业企业更快成长。股权众筹平台的重要作用就是在企业完成众筹后为创业者和投资人设立投后管理的对接渠道，随时交流企业的经营发展情况，使双方能够无障碍沟通。

投后管理服务包括融资企业的发展战略及产品定位辅导、财务及法务辅导、帮助企业招聘人才、帮助企业拓展业务、帮助企业再融资等方面，更好地帮助被投企业快速成长。

(10)股权退出

项目退出是股权投资中资金流通的关键所在，只有完成了有效的退出，才能将初创企业成长所带来的账面增值转换为股权众筹投资人的实际收益。当前的股权投资退出方式包括 VC(Venture Capital)机构接盘、并购退出、管理层回购、IPO、破产清算等。

由于参与股权众筹的企业大多比较小，因此股权众筹项目很少在 B 轮之前退出，大多选择在B轮之后有合适的机会考虑退出。一些优质的项目，众筹投资者一般会跟到最后。按照惯例，天使投资在退出时通常会有一定的折扣，折扣部分以现金或等值股份给予创始团队或以老股形式卖给下轮投资人。因此，股权众筹主要集中在天使轮投资，在A、B轮退出，收益不高，其主要退出方式还是并购退出和IPO上市。

4.1.2　发展现状

网络众筹最初是为艰苦奋斗的手艺人、艺术家们的美好创意募集资金的一个手段，现已演变成初创企业和个人为自己的项目争取资金的一个渠道。网络众筹，能够帮助大量有创意的项目方通过互联网向大众展示项目思路，接受广大投资者的小额资金，实现项目方和投资者双方共赢。

网络众筹最早兴起于美国，2009年4月Kickstarter在美国纽约成立，是一个专为具有创意方案的企业筹资的众筹网站，是最早的众筹平台。该网站通过搭建网络众筹平台面向公众筹集资金，让有创造力的项目方可能获得他们所需要的资金，以便使他们的梦想有可能实现。除此之外，美国还有一家叫AngeList的众筹平台专注为小微企业提供天使融资；中国大约是从2011年开始学习国外众筹的业务模式，经过3年左右的快速发展，于2014年底左右成型。

我国网络众筹业务大致从2014年底逐步兴起，经过几年取得了巨大的发展。根据众筹家人创咨询统计，截至2018年6月底，国内曾经上线过网络众筹平台共计854家，其中2013年上线平台20家；2014年平台数量激增，共有169家平台上线，占比为19.79%；2015年，网络众筹平台持续增加，共有289家平台上线，占比为33.84%；2016年，网络众筹平台持续快速发展，共上线平台283家，占比为33.14%；2017年，国家开始加大力度进行互联网金融整治，防范金融风险，降低企业负债率，网络众筹平台尤其是股权众筹平台数量骤减，约有70家平台上线，此后一直保持平稳发展。

逐步兴起的网络众筹平台在经营模式上也逐渐开始分化，例如，当前知名的众筹网站点名时间、众筹网、京东众筹等基本可看作创意项目的筹资平台；而大家投、天使汇、3W 咖啡、大家咖啡等则是创业公司的股权融资平台。同时随着众筹平台的不断兴起，各式各样的众筹项目开始公开融资，众筹项目方向不仅包括新店运营、新产品研发、新公司成立等商业项目，还包括民生工程项目、赈灾项目、艺术设计等。

在项目融资方面，截至 2018 年上半年，网络众筹平台共涉及项目 48 935 个，募集成功的项目数为 40 274 个，募集成功的项目融资额达到 137.11 亿元，与 2017 年同期成功的项目融资总额 101.16 亿元相比增长 24.22%，成功参与项目支持的人次约为 1 618.06 万，行业整体数据较乐观，具体如表 4—2 所示。

表 4—2　　2018 年上半年众筹项目统计表

项目类型	总项目数	成功项目数	成功项目预期融资额(亿元)	成功项目已筹金额(亿元)	成功项目支持人次(万)
物权型	28 010	27 976	69.13	69.13	38.48
权益型	12 171	7 169	12.74	53.14	688.28
股权型	875	253	9.53	12.99	1.52
公益型	7 879	4 876	9.76	1.86	889.78
总　计	48 935	40 274	101.16	137.12	1 618.06

从网络众筹的业务模式看，产品服务类的众筹占据众筹市场总规模的 90%以上，股权众筹占比还是很小，由此可见我国的网络众筹业务还是以商品服务预售为主，企业股权融资的属性偏弱。从未来的趋势看，由于股权众筹融资属性更强，具有普惠金融的属性，更值得我们关注。

1. 产品众筹发展现状

产品服务类众筹，由于政策风险小，在众筹到期后有实际的产品或服务交割，投资者面临的风险较小，一直是我国网络众筹领域中最重要的业务组成部分。

2013年12月，阿里巴巴旗下的淘宝众筹成立，意味着电商巨头开始挺进产品众筹行业；2014年7月，京东旗下的京东众筹上线；2015年4月，苏宁旗下的苏宁众筹上线。不仅如此，在国内众筹刚刚兴起的几年，国内的各大电商巨头都纷纷进军网络众筹。

继京东、阿里巴巴、苏宁布局众筹业务后，2016年，百度、网易、小米等互联网巨头也纷纷布局网络众筹。随着行业玩家的不断增多，国内的产品众筹呈现百花齐放的局面。由于阿里巴巴、百度、京东等巨头的加入，带来了巨大的用户流量，产品众筹业务发展迅猛，市场规模节节攀升。仅2016年全年就有58 605个项目参与众筹，其中成功获得支持的项目有48 437个，成功项目的实际融资额高达217.43亿元，是2015年募资额的2倍以上。

通过梳理网络众筹的发展历史，我们可以发现，中国的互联网众筹虽然起步较晚，但发展迅猛，大有超过国外的势头，未来随着监管政策的不断完善，中国的互联网众筹可为国家和社会创新创业创意挖掘做出更大的贡献。

2. 股权众筹发展现状

根据市场信息统计分析发现，截至2016年9月底，全国正常开展运营的股权众筹平台数已有80家之多，其中仅2015年上线的平台数就达到33家以上，占当期全部股权众筹平台数的40%左右。众筹成功的项目数累计超过2 300个，其中，2015年成功获得支持的众筹项目达1 100个，占全部参与众筹项目的48%左右。

从区域分布看，截至2017年6月底，全国约有175家正常运营的股权众筹平台，广泛分布于全国多个省市地区，其中，北京、广东、上海、浙江四个地区的平台数量最多。

北京、深圳和上海作为我国经济发展的排头兵，有着得天独厚的地理位置优势和政策支持，相应地，当地的金融投资意识也较高，对新鲜事物的接受更快，股权众筹的发展相对较快。同时，地区经济的发展会产生更多的投融资需求，资本的流动性更高，满足了当地广大中小投资者的投资需求。股权众筹的适时出现是互联网时代资源有效配置需求的产物。当前股权众筹以“天使投资＋合伙人＋股权众筹”为主流模式，通过互联网结合大量的闲散资金为创业企业筹集资金，同时也帮助创业企业获得市场推广、品牌营销等资源，从资金和市场等多方面扶持小微企业的创新发展。

综上所述，从 2015 年开始，国内各类网络众筹业务迅猛发展，股权众筹平台数量不断增长，融资规模不断扩大，其中隐含的风险也不断积聚，股权众筹平台呈现爆发之势。

随着 2017 年互联网金融的整治，监管政策不断收紧，私募股权融资属性的股权众筹业务逐步开始萎缩，市场规模不断减小。总体而言，股权众筹业务有利于社会的创新创业，能在一定程度上缓解小微企业融资难、融资贵的困境，但由于发展时间短，行业竞争无序，目前还处于萌芽阶段。

3. 股权众筹创新演变

随着互联网技术的升级迭代、新金融市场的快速发展和社会创新创业的广泛兴起，未来股权众筹在业务模式上将有更多的创新发展空间，主要有以下四种：

第一种，出资更加多元化。在目前的股权众筹中，投资人的出资方式均为现金。该种支付方式显然过于单一，创业初期的项目公司往往需要的不仅仅是资金，有时也需要市场、品牌或者设备、场地等非金钱性资源。在此情况下，如果股权众筹平台能够通过创新模式，考虑多种形式的出资方式，比如，办公场地入资、知识入资、设备入资等多种形式，按照一定的评估标准折算为公司的股份，从而使得股权众筹业务中的支付对价更加多元化，以更好地帮助融资企业成长扩大。

第二种，混合式的股权众筹。作为新金融重要的业务模式，股权众筹平台必然会向综合化、多元化服务迈进，因为项目融资方的需求是多元化的和多维度的。例如,创业项目在进行股权融资时也可能考虑进行部分债权融资,在进行债权融资时也考虑进行产品众筹,这些组合模式都有各自的优势,对早期项目及刚创立的企业发展来说,都具有很大的促进作用。

第三种,设计股权期权模式。在当前我国现行的法律法规框架下,由于股权投资的私募属性,股权众筹参与人数不得超过200人,这在一定程度上阻碍了股权众筹业务的发展,对于部分需要突破200人的项目,就制约了其融资进展。采用股权期权的办法,对于股权众筹参与者来说,如果融资企业能够承诺给予期权,设定一个条件或期限,待条件成熟时以约定的价格授予参与购买一定数量股票的选择权,从而避开200人的上限约束,可以进一步打开股权众筹市场的参与度,提升股权众筹的融资规模。

第四种,采用可转债模式。在当前的金融市场体系下,中国的可转债指的是上市公司公开发行的可转债,但该模式也可以用于非上市公司,其好处是可以化解投资人的股权投资风险。在股权众筹初期,投资人的投资可以看作是创业公司的债权,在投资期结束后,若投资人愿意将债权转为股权,则可以行使相应的权利;若到期后并不愿意转成股份,则可以拿回本金及固定收益。该模式等于赋予了投资人一个可选择的权利,等于投资人拥有一个具有附加值的债权。当然,正因为拥有选择权,可转债与一般债相比,融资方给予的收益或利率所以比较低。该模式可以作为股权众筹的补充,对丰富股权众筹产品、满足投资者的个性化需求及投资偏好具有较大的作用。如果设计得当,则也能吸引更多的投资人参与股权众筹。

4. 股权众筹未来的趋势

在中央政府的支持和鼓励下,各级地方政府为了贯彻执行国家的“互联网+”战略,缓解小微企业融资难、融资贵的问题,都在积极推进股权众筹业务。随着市场的不断发展和国家政策的大力支持,大众创新、万众创业的积极召唤,相信股权众筹将很快成为新金融中的重要业务模式,在很大程度上助力中国经济转型和国家普惠金融发展。

(1)生态圈模式崛起

在国家相关政策的鼓励和支持下，随着移动互联网等信息技术的不断发展，相信股权众筹行业将会更加快速、稳健的发展。股权众筹行业的参与群体将不断壮大，业务形态将不断创新，围绕股权众筹行业将产生相关的创业孵化器、培训机构、行业咨询机构等，形成一个持续、稳定、健康发展的生态圈。

随着股权众筹行业的快速发展，股权众筹平台将和众创、众包、众服等平台融合，建立起一个以"四众"为核心的生态服务体系，充分利用互联网平台和现代信息技术，为初创型的小微企业提供融资、融智、融才等多项综合性的服务。

随着政策支持和市场规模的不断扩大，目前很多传统投资机构都跃跃欲试，纷纷进军股权众筹行业。传统 PE、VC 已经全面认识到股权众筹行业发展的大趋势，有些券商也纷纷开展股权众筹业务，设立股权众筹平台，或者联合搭建股权众筹平台。另一方面，随着行业的不断扩大，股权众筹行业需要大量通晓金融、投资、互联网、法律等各类知识的复合型人才，相关的专业智库机构也将会应运而生，股权众筹将逐步形成一个"互联网平台＋人才培训＋创业孵化器＋股权众筹"的生态圈。

(2)技术驱动业务模式推陈出新

依托互联网而发展起来的股权众筹，具有鲜明的互联网基因，需要相配套的应用技术满足股权投资过程中的高效、低成本、可信的要求。随着互联网、大数据、区块链等技术的不断成熟发展，及与金融科技不断地融合，股权众筹行业将取得更大的发展。

大数据技术，帮助投资者更加客观量化地分析和识别项目，降低投资风险。在股权众筹业务中，投资者需要关注大量的行业数据，不仅仅来自传统投资中的企业财务报表数据，而且包括国家政策、行业、公司新闻报道等多种数据。通过大数据分析和挖掘，将为投资者展示更加全面、更加立体的项目信息，帮助投资者更加客观地进行分析和判断项目，降低项目的投资风险,因此,大数据技术将会对传统股权投资产生颠覆性的影响。

区块链技术帮助投资者实现信息安全加密存储、电子合约登记等,减少人工操作,降低风险。股权众筹不仅涉及项目判断、风险控制等金融技术的应用,还涉及信用查询、合约签订、股权登记等相关事项,这些都可以通过区块链技术加以实现。区块链技术作为一种典型去中心化、分布式存储、信息高度加密的创新技术,可以应用在股权众筹业务中,为股权登记、风险控制、信用记录等方面提供更低成本、更高效率的支持。

(3)未来发展风险与机遇并存

随着传统金融机构、电商巨头及传统投资机构不断涉猎股权众筹业务,股权行业竞争不断加剧,各家平台都在积极抢占优质项目资源,吸引大量的小额投资者。部分平台由于缺少优质项目、风险失控、投资者稀少等原因发生倒闭现象,给行业发展带来了一定的风险。

在股权众筹的发展初期,因为互联网和金融科技结合的复杂性及股权投资本身的复杂性,股权众筹的概念比较模糊,行业野蛮发展、无序竞争,所以导致行业内出现了各类伪众筹泛滥。2016 年 4 月,证监会等 15 个部门联合印发了《股权众筹风险专项整治工作实施方案》,严厉打击伪众筹、非法集资,防止劣币驱逐良币,促进股权众筹的规范发展,切实保护投资者的合法权益。

相信随着政策的支持和行业的不断发展,创新创业的不断被呼吁,股权众筹将在增加多层次资本市场、解决小微企业融资难的问题上发挥更加重要的作用。未来股权众筹将会迎来新的发展机遇。

4.1.3 监管政策

我国股权众筹从 2011 年左右开始起步,到目前为止,短短 8 年左右的时间,经历了一轮完整周期,受到了社会高度关注,但由于缺乏必要的监管规范,在快速发展的同时也产生了不容忽视的风险和问题:

(1)由于众筹业务边界模糊,既可以是电商预售,也可以是资金众筹,而且参与群体多样，业务结构复杂，容易造成混乱。各参与主体的定位、职责不清晰，容易演化为非法集资等违法犯罪活动。

(2)由于与众筹相关的监管制度缺失，法律地位不明确，致使行业发展遇到危机。众筹作为一种新生事物，与之配套的相关制度不健全，参与各方的合法权益得不到有效保障，行业竞争无序。

(3)平台良莠不齐，潜在的资金欺诈等风险不容忽视，因此，有必要抓紧出台监管规则，对股权众筹融资进行必要的规范，以促进行业健康发展。

2015 年 5 月，国务院批准同意在上海发展互联网金融股权众筹融资试点。上海将由上海股权托管交易中心(简称“上股交”)承接构建众筹综合服务平台、开展股权众筹融资试点工作的任务，并牵头落地一个综合的股权众筹平台，这标志着国家在战略层面正式推动股权众筹业务的发展。

2015 年 7 月，广东省金融办对外发布《广东省开展互联网股权众筹试点工作方案》，鼓励有条件的互联网企业开展股权众筹业务。该方案的出台，明确了在区域性股权市场建设股权众筹交易板块，实现中小微企业股权众筹的登记确认和流转交易，这意味着地方政府开始认可股权众筹作为多层次资本市场中一种新的融资方式。

2015 年 7 月 18 日，中国人民银行联合银监会、证监会、公安部等十部委发布《关于促进互联网金融健康发展的指导意见》，肯定了股权众筹融资模式在金融服务行业中的创新性市场地位，明确指出股权众筹作为实体经济中多层次金融服务体系中的一员，相较于传统的金融服务提供者，在一定程度上可以更好地满足小微企业和个人投融资之间的需求，以进一步拓展普惠金融的广度和深度。

2015 年 10 月，北京市人民政府正式发布《关于大力推进大众创业万众创新的实施意见》，提出“积极开展股权众筹融资试点，打造中关村股权众筹中心”。

2016 年 11 月，证监会等 15 部委发布了《股权众筹风险专项整治工作实施方案》，明确要对股权众筹业务进行重点整治，互联网金融行业中的股权众筹业务也迎来了政策监管的整治规范。

在短短几年的时间内，股权众筹业务经历了潮起潮落，先是在中央政府的鼓励和支持下，各级地方政府均积极出台相关的业务政策，推动其快速发展；后续又在市场出现风险时，出台一系列的相关政策，规范行业发展，进而又进行相关的行业整治。目前，我国针对股权众筹业务的发展，仍未出台明确的监管措施，但我们有理由相信，股权众筹未来仍然有进一步发展的机会。

4.2　风险提示

网络众筹作为一种依托互联网、面向大众募集资金的金融科技业务，截至目前，其运营时间相对比较短，配套的监管政策不齐全，在实际运营过程中确实遇到了一定的风险，特别是股权众筹，这类资金筹集型众筹业务，由于缺乏实物产品交割且期限更长，往往风险更大。在实际投资过程中，我们要切实注意防范网络众筹投资中的风险。

4.2.1　面临的风险

1. 非法集资的风险

网络众筹是利用互联网平台向广大网民公开募集小额闲散资金。一旦项目方恶意欺诈，虚构项目，利用众筹骗取网民资金，则可能面临非法集资的风险。

根据《最高人民法院关于审理非法集资刑事案件具体应用法律若干问题的解释》第一条："非法集资应当同时满足四个条件，即（一）未经有关部门依法批准或者借用合法经营的形式吸收资金；（二）通过媒体、推介会、传单、手机短信等途径向社会公开宣传；（三）承诺在一定期限内以货币、实物、股权等方式还本付息或者给付回报；（四）向社会公众即社会不特定对象吸收资金。”从最高院的解释看，网络众筹平台很容易陷入非法集资的陷阱。

从运营形式看，截至目前，网络众筹平台这种运营模式未获得法律上的认可。它通过互联网向社会大众公开推介项目，吸纳社会资金并承诺在一定期限内给予投资者一定的回报（公益众筹除外）。所以，单从这一条文来讲，众筹平台的运营模式与非法集资的构成要件相吻合。

在实际经营过程中，除了要考虑众筹平台是否符合“非法集资”的形式要件，还要深入考察众筹平台是否符合对“非法集资”犯罪定性的实质要件。《最高人民法院关于审理非法集资刑事案件具体应用法律若干问题的解释》的立法目的中写道“为依法惩治非法吸收公众存款、集资诈骗等非法集资犯罪活动”。可见，该司法解释的出台是为惩治非法吸收公众存款、集资诈骗等犯罪活动，是为了维护我国社会主义市场经济的健康发展。而网络众筹平台，作为一种金融科技创新，其运营目的是鼓励和支持创新、发展公益事业及让商业盈利等。诚实、稳健运营的众筹平台不仅不会对我国市场经济产生负面影响，还会对我国社会的创新创业起到一定的推动作用。但我们作为普通的投资者，在实际投资中要特别小心：防范不法分子以众筹平台或者众筹项目骗取项目出资人的资金，给投资人造成经济损失。

2. 业务运营风险

股权众筹目前在国内正处于刚刚兴起的初级阶段，业务模式尚不清晰，还没有形成统一的行业标准。目前，虽然各家众筹网站基本已建立起各自模式化的流程和标准，用于项目的申请和审核，但项目是否优良、能否上线还是依赖众筹平台的经验判断，项目能否获得真正的融资还很难确定。

对于融资项目的风险识别、融资金额、信用评级等基本取决于众筹平台方，存在很大的弹性空间。这与 P2P 网贷平台类似，项目的风险识别和把控主要依靠平台。但是我们要明白，对于股权类项目的优劣评判，是一个极其复杂的过程，往往存在着很多不同的标准。而不同团队能力良莠不齐，对风控操作的把握也各异，一旦众筹平台运营经验不足就会导致项目失败，给出资者造成损失。

3. 股权代持风险

在股权众筹业务模式下，部分股权项目方为了融资，故意吸收大量的小额投资者为有限责任公司的股东，但根据《公司法》第二十四条规定“有限责任公司由五十个以下股东出资设立”。那么，按照《公司法》规定，股权众筹项目所吸收的公众股东人数不得超过 50 人。如果超出，未注册成立的不能被注册为有限责任公司；已经注册成立的，超出部分的出资者不能被工商部门记录在股东名册中享受股东权利。由于早期的股权投资风险还是很大，绝大部分参与股权众筹的项目往往只愿意提供少量的闲置资金来进行投资，故将股东人数限制在 50 人以内，极有可能导致无法募集足够数额的款项来满足公司的资金需求。因此，在现实情况中，许多股权众筹项目发起者为了能够募集足够的资金成立有限责任公司，普遍对出资者建议采取代持股的方式来规避《公司法》关于股东人数的限制。采用代持股的方式虽然在形式上不违反法律规定，但在公司的立法精神上并不鼓励。当显名股东与隐名股东之间发生股东利益认定相关的争端时，由于显名股东是记录在股东名册上的股东，因此除非有充足的证据证明隐名股东的主张，一般会倾向于对显名股东的权益保护，所以这种代持股的方式可能会对广大众筹项目出资者的权益产生侵害。

有一种避免股权代持的操作方式，就是把小额的投资者集合起来建立一个有限合伙企业，然后再投入到公司，成为公司的股东。但是这里依然要注意执行事务合伙人的选择。建议各位投资者，一定要选择诚实、可靠的投资人作为有限合伙的执行事务管理人，这样才能够积极维护广大中小投资者的利益。总体而言，建立有限合伙，是一种比较妥当的方式，能很好地解决股份代持的风险。

4. 知识产权遭受侵犯的风险

奖励型众筹平台的主要目的之一在于挖掘创意、鼓励创新；其众筹项目的发起者通过众筹募集资金的主要目的在于实现其创意，贩卖其创意；而出资者的投资出发点在于支持创意，购买新颖的产品，但是发布在众筹平台的众筹项目大多是还未申请专利权的半成品状态，因而不能依与知识产权相关的法律保护其权益。与此同时，几个月的众筹项目预热期也给了盗版商充足的剽窃时间，因此很可能存在知识产权纠纷的风险。所以从保护知识产权利益的角度出发，许多众筹项目的发起者只向公众展示其创意的部分细节。同时，也导致具有出资意愿的创新爱好者由于无法看到项目全貌而对产品形成整体、全面的印象，这也就大大降低了其投资兴趣和投资热情。所以我国知识产权相关法律在保护项目创新型方面的缺失，打击了创意发布者的创新积极性，也使众筹项目出资人对创新项目的支持力度大打折扣，这在一定程度上阻碍了创业类项目的发展。

5. 法律合规风险

由于国内网络众筹起步时间晚，业务模式尚不清晰，针对它的相关法律条文和相应的监管监督机制还不成熟，行业内的众筹平台自身也缺乏管理经验。因此，网络众筹在未来要获得长足的发展，一方面要监管完善法律，制定行业准则，通过严格市场准入制度，营造相对安全和公平竞争的市场环境；要求所有的众筹平台引入第三方资金托管机构，降低众筹平台资金预留、挪用和沉淀的风险；另一方面，平台方也要加强自律，认真履行职责，对上线项目严格进行线下考核和客观评估，建立项目发行人信息披露制度，推动网络众筹行业的标准化。众筹平台还需加强对募集资金的监控，并对出资人进行明确的风险提示，防止普通出资者在非理性情况下做出错误的选择。没有规矩，不成方圆。网络众筹业未来要持续发展，规范将是关键。

4.2.2 防范风险建议

虽然网络众筹具有一定的风险，但是通过一定的风险意识加上一定的分析，我们仍然可以在很大程度上降低风险，做到以相对比较低的风险博取超高的投资收益。

在投资众筹业务中，防范众筹风险的第一步是要有一定的风险意识。对于风险，不要掉以轻心。由于网络众筹参与的门槛相对较低，出资金额小，其中的风险更容易被忽略，造成损失后也更难追讨。通常情况下，建议投资者单笔投资不要超过5万元，否则容易面临较大的风险，同时投资金额过大容易产生一定的心理压力。

防范风险的第二步，我们要努力选择有信誉、有实力、操作规范的大平台。好的众筹平台通常有严格的项目筛选、审核制度，有利于提高项目信息的真实性、准确性、全面性，方便投资者更加客观地判断。注重品牌的大平台，通常更加关注客户体验和用户口碑，会为投资者制定可靠的增信保障措施。另外，社会知名人物、大企业、国有企业等作为股东的众筹平台，实缴资本金大的平台，往往易于合规运作，抗风险和管理的能力也较强。

防范风险的第三步，我们要熟悉国家的相关法律，理性选择平台和企业，要对平台的运作模式、制度设计、管理能力和信用保障能力等进行了解；认真阅读相关介绍和法律文本。在投资的过程中，一定要克服暴富的冲动，不盲目相信高收益承诺。

最后，参与网络众筹最好能有一些相关的行业知识，尽量选择自己懂的项目和自己熟悉的行业，这往往能提高投资的成功率。对于产品类众筹，要评估项目的可行性，评估产品的市场接受度，大致评估项目方是否有能力兑现投资收益。对于假、大、空的项目，我们要尽量远离。对于股权众筹，我们要按照一级市场的股权投资的思路来考虑，认真分析项目，同时要仔细考察众筹平台是否有资金存管、是否有增信措施等。另外，对于股权众筹，由于风险相对较大，如果可能，还是建议能跟项目方面对面沟通，真切感受项目的未来发展。

4.3　投资机会

随着市场的不断发展,网络众筹业务模式的不断创新,市场上出现了大量的众筹业务种类,可谓是五花八门,形式多样。本节主要介绍如下四种具有一定投资价值的众筹业务,供大家参考。

4.3.1　创意众筹

当今中国正在实现由制造大国向设计强国的角色转换,在这个过程中,优秀的创意设计、精美的制造工艺等无疑就成为非常重要的一环。近些年来,我国创意设计产业的大力发展促使国内越来越多的优秀的设计师涌现出来,给中国在由制造大国向设计强国的角色转换带来了强大的动力。

在独立设计师的创业初期,不可避免的一个首要问题就是资金问题。如果没有充足的资金,就意味着设计师们在进行创意设计的实体化过程中不得不面临很多方面的妥协,最显而易见的就是控制成本,退而求其次选用一些相对低廉的而不是尽可能最完美的材料来实现自己的设计,这会导致产品体验大打折扣。与此同时,网络众筹这个金融科技领域内的新型融资方式,给这些优秀的设计师带来了很好的解决办法。在这一过程中,如果发现有好的创意或者有喜欢的设计,我们可以选择支持一下,既能满足自己的心理,又能帮助创意者实现梦想,是一个一举多得的好事情,何乐而不为呢?

在实际运作过程中,众筹平台通过互联网平台对创意设计进行宣传和推广,不仅帮助创意者解决资金方面的问题,更为创意者提供了创意宣传推广、市场需求调研、种子用户的获取、资源支持等多方面的运营和推广,因此,对于创意设计的落地运营具有极大的推动作用。

1. 搭建创意设计者与项目支持者的沟通平台

创意设计者利用网络众筹平台，将自己的设计或者项目展示给大众，获取大众的资金支持，同时将募集的资金用于项目的落地和推广，并将项目最终产品按照一定的投入资金分配给支持者。在这个过程中，设计者缺少的是资金支持，支持者缺少的是能让自己眼前一亮的优秀项目。此时，众筹平台的存在价值就是为两者提供一个中介平台，为设计者和支持者提供一个沟通的渠道，帮助项目创业者获得资金或者相关资源的支持。

点名时间是国内最早一批发起和支持创意项目的平台。网站创立之初，无论是科技、音乐、影视、设计、书籍等项目在审核通过之后都可以通过点名时间的网站来筹集项目初期运营的资金，在项目成功落地之后，支持者可以获得相关的项目产品或者服务。点名时间这一众筹平台给创意者和支持者提供了一个沟通交流的平台。经过几年的发展，现在点名时间转型为科技产品首发平台，缩小众筹项目的运营范围，专注于智能产品的创意发展。转型之后的点名时间，免去了作为服务平台的中介费，提供了平台与各种资源的对接，将平台的优势发挥到最大化。目前，随着互联网金融行业整治，平台几乎处于运营停止的状态。

2. 帮助项目初步验证市场，接受市场反馈信息

在真实的创业中，很多创业者对一件产品是否满足了消费者的真正需求是没有清晰的认知的，而网络众筹平台恰恰可以帮助创意筹资者在一定程度上提前验证市场，测试此项目是否真的为大众所接受。网络众筹作为创意设计产品上市前的一个市场检验，还是有很大帮助的，这样在很大程度上可以防止项目初期对产品定位的失误。此外，对于项目筹资者来说，在网络众筹的过程中，通过创意设计以图文、视频等方式在众筹平台上展示给大众，有两方面显著的积极作用。一方面，项目众筹可以起到对产品早期的宣传作用。很多企业或者一些设计师会把众筹平台作为产品上市前的一种宣

传渠道，在这个平台上，他们更看重的是对其产品的宣传推广，获得支持产品的第一批种子客户。另一方面，获得最初的市场反馈。在产品还未进行投产时，通过众筹参与者对产品的介绍和宣传，可以有效地提供一些宝贵意见，这些来自消费者最直接的反馈信息对于设计者来说具有很宝贵的参考价值，给产品在正式推向市场前的进一步优化提供了很大的帮助。

3. 为项目方提供资源对接，全面推动公司业务发展

在创意设计阶段做好充足的准备之后，接下来要面对产品的落地生产的问题，有些设计师由于缺乏工艺、材料、结构、生产制造等方面的综合生产研发能力，或者缺少相关的资源渠道，致使产品在实体化生产过程中出现了一系列的问题，导致最后生产出来的产品没有达到理想的状态。造成这样的结果，一方面，会打击到项目支持者的热情，使支持者们可以拿到的回报和项目预期之间存在一定的差异；另一方面，对于众筹平台本身也会带来很大的影响，造成投资者对众筹平台的不信任，影响平台的长期发展。众筹平台首先要为优秀的创意设计者筹集资金，但其本质定位为众筹、众智、众包更合适些。平台利用自身所拥有的资源，能够为创意设计的实体化阶段提供相关的指导帮助，快速、顺利地将创意设计的首批产品生产制造出来，尽量减少网络众筹过程中出现的未知失误。

产品众筹的成功，只是这个产品项目发展的第一步，在获得第一批忠实的客户之后，产品的后续销售群体、服务渠道、项目的运营模式、品牌的推广等也是一个成功项目不可缺少的环节。而众筹平台的运作模式可以做到的，绝不仅仅是为项目发起人筹集资金这么简单，还可以为项目方提供生产、销售等多方位的支持。国内出名的众筹网站如众筹网、淘宝众筹、京东众筹等这些平台占据了绝大部分的市场资源，例如，京东众筹就是在整个产业链上去整合资源，为优秀的项目提供全方位的众筹支持、推广服务、资源对接等。当项目进入京东众筹的项目储备后，融资团队可以获取到京东团队提供的项目包装、媒体公关、投资人推荐、渠道对接等一系列专业的定制

服务，这些便利措施有效地帮助了筹资人的创意设计由概念阶段顺利进入市场，直至最后到达用户手中。这些专业的服务对于创业刚起步的独立设计师尤其重要，帮助项目方避免了由于缺少经验在项目后期准备不足造成项目的搁浅。众筹平台的专业服务可以很好地帮助他们顺利完成自己的设计项目，为创意事业的发展铺平了道路。

4.3.2 店铺众筹

店铺众筹，即店铺合伙经营，是网络众筹中常见的一种业务模式。店铺众筹可以分为店铺的产权众筹和店铺的经营权众筹。产权众筹是用商铺的日常租赁现金流作为投资回报，经营权众筹则以商铺的具体经营的利润作为投资回报。在实际的店铺众筹的过程中，也可以两种模式混合使用。

由于店铺众筹具有经营场所固定、商业模式清晰可见、营业收入明确的特点，因此相对创意众筹、股权众筹等具有更加稳定、安全的优点。

1. 看得见，摸得着，稳定、可靠

当前大部分店铺都是在固定的地点经营特定的业务。在实际的经营过程中，经营状况简单、清晰，看得见，大部分投资者很容易看得明白。比如，“西少爷肉夹馍”就是在固定门店经营固定的业务，其供应链、生产、制造、销售、品牌宣传，普通投资者都能看得懂，甚至可以亲自参与。一旦投入资金之后，普通的消费者还能成为店铺的投资者甚至股东，参与日常经营。这与传统的股权投资人参与股权投资有很大的区别。对于大部分的公司股权融资，在发展的过程中融资几千万元甚至上亿元，普通投资如果只是一两百万元，往往股份占比小，对公司的经营缺乏话语权。

2. 投入少，回本较快

对于线下开店，从一开始经营范围就已明确，商业模式清晰，客户群体也很集中，大多数投资总额少，投资周期短，回本较快。

对于绝大多数的店铺，如西少爷肉夹馍、水果店、咖啡店，总投资相对比较少，大多数情况下包含房租进货等，总计 50 万元以内就差不多了。对于绝大多数店铺往往 2～3 年就可以回本，投资周期相对比较短。

3. 财务数据清晰，现金流稳定

对于实体店铺而言，收入与支出相对比较简单，经营比较透明。大多数店铺，通常的营业支出如房租、水电、装修、设备、人员工资等都能清晰地被看懂，每天的经营收入也比较简单明了，经营情况也不用担心。

在实体店铺交易中，由于都是面对面的直接交易，因此现金流稳定，不存在应收账款，对于企业的经营而言相对比较安全、可靠，不存在大的债务风险。

虽然店铺众筹有上面明显的优势，但在投资的过程中，我们还是需要全面评估分析这个店开在这个位置到底能否持续经营下去。看一下路边的店铺就能发现，不是所有店都小而美的，也不是所有的店都能赚钱，也不是所有店的经营数据你都能看得到的。

参与店铺众筹依然面临一定的风险。店铺众筹投资人一般与商铺经营者缺乏深入的了解，朋友圈也很少有交集。因此，在商铺经营者看来，众筹投资人是广大的网民，是来自互联网上的流量和资金，不是现实世界中有情有义的人，所以店铺经营者对待众筹投资，没有维系个人信誉和声誉的压力感，诚信意识就容易被抛到脑后。商铺一旦经营不善，众筹投资人要与商铺经营者共担风险，清盘后能收回的本金微乎其微，由于是股份制，商铺经营者不承担亏损兜底责任；如果商铺每月结算稍有薄利，商铺经营者会倾向于思考如何截取利润，把利润转移到个人腰包；倘若商铺客户络绎不绝，利润喜人，商铺经营者就会倾向于思考如何把众筹投资人的持股清理掉，比如诈亏请求回购股份，比如隐名在门店附近另开一家门店等。由于商铺经营者是真正的资源拥有者，在信息不对称的情况下，众筹投资人还是相对比较弱势的，因此普通投资者还是要尽量做好调研。

4.3.3 商品众筹

商品众筹实质上是通过网络众筹平台开展产品的预售＋团购，利用众筹平台，提前向意向客户展开商品的宣传推广，同时充分利用电子商务的优势实现商品的预售和团购，从而实现资金的募集。

1. 主要商品众筹平台

随着电子商务的快速发展、互联网金融浪潮的不断兴起，市场很快涌现出了大量的众筹平台，其中比较知名的产品众筹平台主要有如下：

(1)京东众筹

京东众筹是知名电商平台京东金融旗下的众筹平台，发展至今，其已经成为网络众筹行业中非常知名的众筹平台，业务产品主要涵盖产品众筹、公益众筹、股权众筹、债权众筹四大块。其中的核心业务是产品众筹，主要是大量的互联网出资人对众筹项目进行投资，获得产品或服务。

(2)苏宁众筹

苏宁众筹依托上市公司苏宁云商，构建了线上电商平台和线下实体店，打造网络众筹业务，其业务主要涵盖六大领域，分别是科技、设计、公益、农业、文化、娱乐等。苏宁众筹在全国拥有 1 600 多家实体店，开展的线下实物众筹能为产品获取第一手用户信息，也有利于产品进行固件优化升级等改良。

(3)淘宝众筹

对于淘宝，大家都比较熟悉，但对于淘宝众筹可能就比较陌生。淘宝众筹是阿里旗下唯一的众筹平台，其业务主要涵盖科技、生活、设计等，通过众筹的方式面向全网消费者筹资，完成项目方案的最终落地，并以商品回报的方式回馈筹资者。

对大多数的创业者而言，参与众筹的产品必须具有特色，符合当前网络潮流，具有预售和团购的特点，才有可能吸引到大量的网络用户，获得众筹成功。

2. 项目方和众筹平台应做好的配套工作

无论是哪家众筹平台，要做好产品众筹，项目方和众筹平台还需要做好多方面的配套工作，吸引到用户参与投资。

(1)产品要有特色、有亮点、有故事性，能打动用户

在如今的网络时代，各种商品信息泛滥，要博得用户的关注，产品一定要超过预期，能够让用户惊喜。产品要吸引观众的点有很多，不管抓住哪一点，都是一个很好的突破口。比如，对于农产品而言，无公害、绿色、有机等认证很受大众喜爱，而对于其他产品则需要能够解决人类痛点、刚需，质量佳，服务有保障等。

有时候，为了吸引用户，往往还对产品赋予一个令人信服的、引人入胜的故事，让人们参与到故事当中去，是因为他们想要得到他们所相信的部分东西。所以，你可以利用视频、图片、文字等方式来分享一个故事，让大众参与，并鼓励他们主动参与到众筹活动中来。一个打动人心的故事能够让没有明显特色的产品卖出比它本身价值高很多倍的价格。

在整个众筹推动活动中，项目方要鼓励其他人通过各种媒体等手段来分享你的故事。如果你的故事能与公众产生共鸣，且感情真挚、强烈，那么会使得你的众筹项目的宣传广告更加容易一点。此外，俗话说“有钱能使鬼推磨”，如果你提供一定的数目可观的津贴去答谢那些愿意帮你传播或帮你分享故事的人，那么，你的众筹故事就会有越来越多的人知道，众筹活动往往越成功。

(2)选择大平台，邀请知名度高的人做代言，给产品更多的曝光机会

一个项目要获得众筹成功，必须经过项目包装、上线审核、上线预热、上线认购、发放款项、后期维护等一系列的环节，在这一系列过程中，项目宣传推广是一个最为重要的环节。你的团队如果不够专业、产品包装不够完美，那么上线之后的反响往往也很平淡。这个时候，聪明的企业都会选择把整

体的运营策划交给一个专业的、经验丰富的代运营公司来做。而在项目包装之前，你必须先了解需要上线的众筹平台的相关规则，否则你的产品能不能通过众筹平台的审核都成问题，之前做的一切准备都是白搭。

每一个成功项目，几乎在申请之前就已经拥有了一定的消费者和粉丝，或者有一些知名度很高的人可以为你做推荐——这些人是最早的捧场者和传播者。明星推荐不仅可以增强传播力度，打开市场，而且增加了群众对产品的可信度。要想通过众筹获得大量的投资，最好通过明星或网络红人做宣传。

(3)注重客户互动，从互动中获得产品反馈

如果你的众筹活动没有现成的受众群体，那么无论你制作的视频有多么精彩，或者你的想法有多么惊人，都可能被淹没掉。这种情况下，想要获得资金来资助自己的项目，希望很渺茫。而此时，一旦拥有了一定的支持者，一定要维系好与他们的关系，与客户时不时地保持互动。第一批客户的评价是至关重要的。另一方面，互动是品牌记忆与传播的最好方式。与顾客互相沟通、实时反馈，增加商品及店面在顾客心中的透明度，增进了解，建立信任关系，信任度越高，那么成交率越高。此外，对于众筹，还需要给支持者发送电子邮件表示感谢或在你的个人页面中公开答谢他们，会让支持者有被重视的感觉，增加参与的乐趣。

(4)确保投资人的利益，给予投资人诱人的回报

对于众筹项目，在实际众筹过程中，我们要站在投资者的角度考虑筹资时长、金额设置和支持者回报情况。一般而言，为了获得众筹成功，众筹募集的时间要足够长，应该长到足以形成声势，短到给未来的支持者带来信心。目前，国内的项目众筹天数一般都是1个月到3个月不等。众筹目标金额的设置需要根据自身的需求设置，要将生产、制造、劳务、包装和物流运输成本考虑在内，然后结合本身的项目设置一个合乎情理的目标。部分项目由于将目标金额设置得虚高，会引发投资者的猜疑，导致众筹流产。对支持者的回报设置要尽可能地将价值最大化，并与项目成品或者衍生品相配，而

且应该有 3～5 项不同的回报形式供支持者选择。

一个众筹项目能否成功，除项目本身要具有优势和竞争力之外，众筹平台的选择也非常重要。淘宝众筹和京东众筹的潜在用户更多，与平台相关的渠道丰富，可以为产品带来大量的曝光机会和流量，从而使众筹的成功率大大提高。相比而言，苏宁和京东不仅是筹资平台，更是孵化平台。其一，它们依靠自己的用户数据，对用户的使用习惯、消费倾向进行分析，能够对初创企业提供指导。其二，筹资者能够借助苏宁和京东的平台对产品大力宣传，提高知名度。

在实际选择商品众筹时，建议优先选择大的众筹平台，更加放心、可靠；优先考虑项目模式简单、众筹金额适中、给予投资者回报比较真诚的众筹项目。在保持一定投资额度的情况下，如果发现有自己喜欢的，就适当参与一下吧，说不定会遇到惊喜呢。

4.3.4　股权众筹

通过前面的描述，相信我们对股权众筹应该有了比较深刻的认识。股权投资实质上是早期的天使投资甚至是种子投资，因此具有很大的投资风险。在实际投资股权众筹之前，我们一定要认真分析项目，评估项目风险，用长期不用的闲钱投资。

当前，国家已经出台政策明确提出要提高居民的财产性收入，在《关于促进互联网金融健康发展的指导意见》出台的当下，股权众筹正在越来越规范化和大众化。而且，相信大家一定都听到过："人无股权不富"，就是强调了股权投资的重要性。股权众筹作为新型的融资方式及投资渠道，为广大的中小投资者提供了一个低门槛、简便的股权投资方式，值得关注。

由于股权投资是一个非常复杂且没有确定标准的一类投资，因此很难有一个非常确定的方法来筛选项目。我这里分享一些自己总结的经验，能够大大提高投资胜率，降低投资风险。

第一步，首先要选择有品牌、有实力、经营规范的众筹平台。股权众筹与P2P网贷类似。另外,我们要特别注意:一定要选择信息展示完备、资金托管的平台。这是非常基础、非常重要的考察点。一旦我们找到了靠谱的众筹平台,就能帮助我们过滤掉大部分不靠谱的创业项目。

第二步,我们要认真分析和评估众筹项目。众筹项目的质量是投资成功的关键。项目的研究和分析不仅是股权众筹中非常重要的环节,也是传统的私募股权投资极其重要的环节。项目分析和评估是一件非常具有个性化的工作,没有一套非常精确的算法,经常是"仁者见仁,智者见智"。但是股权投资有一些通常的原则,能帮助我们避免掉进投资的坑里,需要我们遵守。这里我们首先要选择自己能看得懂的项目,这样才能进行深入的分析和研究。

在实际分析项目评估的过程中,我总结了一套PBF模型,实际操作下来效果良好,推荐给大家。PBF模型由三个部分组成,分别是团队、业务和匹配度,如图4—3所示。

图4—3　PBF模型

这里详细解释其中的内涵:

(1)P,即People,代表人,主要是指项目的创业团队。

在P这个部分,主要是针对股权众筹项目背后的人。这里我们尤其要关注创业团队的技术、产业和实力背景，仔细评估分析其实现创业成功的概率。

具体来看，我们要分析项目发行方是否具有创业项目的技术背景、是否有与产品相关的产业背景，创业团队是否具有一定的实力做成该创业项目。

比如，最近市面上的很多创业项目，看团队，你就会发现成功的概率很小。比如，团队原来都是制造业务出身的，但是现在创业做金融科技，你觉得靠谱吗？

(2)B，即 Business，业务，主要是关注项目产品、公司业务。

在 B 这个部分，我们重点关注该项目到底解决了什么市场需求；这个市场需求的用户群体何在，到底有多大的市场空间。

(3)F，即 Fitness，匹配性，主要关注人与事的匹配性。

在 F 这个部分，我们主要评估这个股权众筹项目想获得成功，核心的关键因素是什么？是市场营销、技术开发还是政府资源？团队是否拥有达成该项目所有的关键因素？

经过上面两个步骤的分析评估之后，如果都觉得还可以，我建议可以适当投入一些资金，说不定未来 2～3 年就有 10 倍的收益呢？

下面我给大家分享 3 个比较经典的股权众筹案例，有成功的，也有失败的，希望能给读者朋友有一个感性的认识，便于更好地捕捉投资机会。

1. 华人天地——首例新三板股权众筹案例

关注股权众筹的朋友，也许都听说过华人天地这个项目。因为这个项目非常经典，它开创了新三板与股权众筹相结合的先河。

华人天地通过三次股权众筹公开募集资金。最初是 2014 年 5 月在新三板挂牌前融资，出让 7%的股份从市场融资 1 200 万元，在股权众筹平台——众投邦平台获得 2 962 万元认购，超募了 147%。第二次是 2015 年 2 月份，在新三板挂牌后，通过股权众筹募集 2 760 万元，合计 230 万股。其中，文投国富、众投一邦公司实际控制人及其亲戚分别进行了认购，众投一邦作为股权众筹平台自设的有限合伙企业认购了 149 万股。第三次是 2015 年 5 月份，也是与众投一邦合作，上线后不足 24 小时就被众多机构和投资大户投资 1 140 万元，完成了 40 万股的新三板定增众筹。

一次融资，两次定增，华人天地都引入了股权众筹的模式。除认购人引得大量的关注外，股权众筹的融资模式也一度让华人天地成为讨论焦点。在业内人士看来，这是一种大胆的创新，不但能让 500 万元以下的投资者参与新三板投资，也放大了企业的宣传效应。华人天地也因此成为首家新三板企业尝试股权众筹的经典案例。

此外，华人天地股权在众筹时还创造性地推出了回购条款、无风险定增，这都是值得股权众筹学习和借鉴的地方。

2. WiFi 万能钥匙——刷新中国纪录的股权众筹案例

2015 年 5 月 29 日，WiFi 万能钥匙在筹道股权众筹平台上线，项目上线不到一小时，浏览量即突破十万，到 2015 年 6 月 10 日众筹成功，浏览量已超过 300 万，共有 5 712 人参与了认购，认购金额达到 70 亿元。WiFi 万能钥匙以认购额超 70 亿元、超募 237 倍、认缴额 6 500 万元的募资成绩刷新了三项“中国纪录”。这是迄今为止中国最大的股权众筹项目。

WiFi 万能钥匙能够吸引到如此之多的投资人和民间资本，除项目本身优异之外，也折射出中国民间资本的疯狂，它们的力量或许在之前被严重低估，这也是股权众筹未来发展的希望所在。

3. 美微众筹——首例以失败告终的股权众筹案例

2012 年 5 月，美微传媒的创始人带着他的商业计划书走遍北上广深等全国主要城市，拜访了 100 多位投资人却未得到肯定的答复。后来创始人灵机一动，在淘宝上注册了一家店铺，名为“美微会员卡在线直营店”。通过拍卖会员卡，购买者除了能够享有“订阅电子杂志”的权益，还可以拥有美微传媒的原始股份 100 股。这可算是国内公开募集股权的第一例了。

美微传媒上线仅仅 4 天的时间，就筹集了 80 万元的资金，这件事在当时轰动一时，不少人怀疑它的合法性。果然事发不久，美微传媒被证监会紧急叫停！国内首例股权众筹案例就此失败。但是不管如何，作为首个“吃螃蟹”的“美微传媒”不失为股权众筹史上的一个经典案例。

综上，股权众筹在我国仍处于萌芽时期，未来还有很大的成长空间。相信随着金融市场的不断发展、监管政策的不断完善，股权众筹将为大量的创新企业和广大的投资者提供更好的金融服务。

第 5 章　互联网理财

自 2013 年 6 月，以余额宝为代表的互联网理财产品迅速兴起，如雨后春笋般不断涌现，并一度呈现爆发式增长的态势。余额宝一经推出，便受到广大用户的高度青睐。凭借低风险、低门槛、高流动性的特征，各类宝宝类产品迅速被大量的用户关注，吸引了大量的闲散资金。中国各大互联网公司及传统金融机构都纷纷推出了各自的互联网理财产品，如微信理财通、京东小金库、华夏活期宝等。

互联网理财，是近几年新兴的一种金融服务模式，一般是指以互联网理财平台为核心，通过互联网等技术手段为广大的互联网用户提供金融理财服务，并整合金融行业内的上下游资源为广大中小投资者提供理财产品的咨询、购买以及投资者教育等服务。在第 2 章中介绍的各类宝宝类产品就是互联网理财的一种，本章将分享更多宝宝类之外的互联网理财机会。

5.1　产品分析

互联网理财是指通过互联网平台推广销售理财产品，募集广大网民的小额闲散资金，帮助用户获取一定的投资利益。互联网理财，从本质上来讲就是线下传统理财的一种网络延伸，通过互联网、移动互联网这一便捷的渠道，利用大数据、人工智能、区块链等技术把线下理财的各类产品或者理财服务推向大众，服务大众。只不过，互联网、大数据、人工智能等技术具有自身的应用逻辑，这些新技术、新工具、新方法优化了线下理财产品或者服务，大大降低了金融理财门槛，为用户提供了更加便捷、更加灵活的服务模式。

5.1.1　产品介绍

互联网理财作为原有线下传统理财的延伸，不仅包含原来传统金融市场中的各类投资理财产品，如基金、银行理财、保险资管、券商资管等，同时也包括前面我们介绍的宝宝类产品、P2P 网贷、直销银行等新兴的金融科技业务，因此，互联网理财涉及的范围很广，形式多样。

根据当前金融市场的发展和金融监管政策的许可，按照互联网理财产品交易场景的不同，我们将互联网理财产品分为五大类型，分别是支付驱动型、P2P 理财型、流量驱动型、基金直销型、银行现金型。

第一种类型是支付驱动型的产品。这类互联网理财产品通常是互联网平台依托第三方，综合支付、投资、购物等于一身，推出的日内实时赎回的货币基金。这类产品主要是我们在第 2 章中讨论过的投资产品，主要业务类型是各类宝宝类产品。

目前，此类产品已经非常多，典型代表有支付宝旗下的余额宝、苏宁支付旗下的零钱宝。该类产品具有流动性好、风险低、门槛低的优点，深受广大投资人的喜爱。

首先，该类产品的最大特征就是投资人可通过第三方支付推出的钱包工具进行消费、支付和转出等实时操作，而且几乎没有任何手续费，用户的利益没有任何损失。现在很多第三方支付都纷纷模仿余额宝，推出了自己的宝宝类产品。

其次，该类产品的流动性很好，承诺 T+0 实时赎回，实时提现的优点直接满足投资人对产品流动性的需求。据余额宝官方介绍称，按余额宝转出分为快速转出和普通转出两种模式。快速转出至银行卡的金额，通过手机支付宝 App 操作，单日单户限额 1 万元(含)，基本在 2 小时内到账，流动性还是非常好。

最后，因各类宝宝类产品的本质是货币型基金产品，是常规的现金管理类产品，其收益率取决于货币市场间资金利率水平，随市场浮动，年化收益一般在 2%～6%之间。在余额宝刚推出时，曾经高达 7%的年化收益率让商业银行很是尴尬，后来余额宝收益逐步回归市场化。目前七日年化收益率在 2.2%左右，对于流动性高的小额资金，仍然是非常好的投资选择。

第二种是 P2P 平台型的理财产品，即我们在第 3 章描述的网贷投资产品。

随着各类网贷平台的兴起，此类产品也非常多。其中典型的代表有陆金所旗下的稳盈一安 e 贷(由于监管，2019 年 7 月份宣布已经停止推进此类产品)，人人贷旗下的优先理财计划，微贷网旗下的智能投标。

该类产品是 P2P 网贷产生的债权资产，即资金通过互联网平台发行的理财产品，通过借款给资金需求方，出资人享受资金出让带来的投资收益。为了赢得投资人的信任，不少 P2P 平台与小贷、保险或担保公司合作以保障投资人的本息安全。另一种保障方式是投资人拥有借款人提供的实物抵押权，最常见的有车子、房产等。需指出的是，即使同为房产作为抵押，住宅的变现能力要远高于办公楼或厂房，其面临的风险也不一样。

在目前的市场环境下，合规、正当运营的 P2P 网贷产品收益一般年化收益率在 6%～15%之间，投资期限一般在 3 月至 3 年不等。通常而言，平台越大，风控措施越得当，收益率相对越低。

第三大类是流量驱动型的互联网理财产品。此类产品是一般知名互联网公司与金融机构合作发行的互联网理财产品，利用自身的流量优势来代理销售传统金融机构发行的理财产品。

随着金融科技浪潮的兴起，大型互联网公司如百度、腾讯、京东、小米等流量平台纷纷与金融机构合作，开展互联网理财业务。目前市场已经拥有多款流量驱动型产品，其中的典型代表有京东旗下的京东金融、百度旗下的百度理财计划、腾讯旗下的微信理财通。以腾讯理财通为例，直接接入以华夏基金为代表的一线品牌基金公司，在首发宣传时，七日年化收益率为7.394%，吸引了大量的中小投资者。

事实上，所谓“七日年化收益率”是根据最近 7 天的收益情况，折算成年化收益率的。假使货币基金在某一天集中兑现收益，当天的万份收益就会畸高，随后一段时间其七日年化收益率都会很高，因此“七日年化收益率”这个指标有时会虚高。更稳妥的做法是，投资人在日常看货币基金收益的同时要重点关注日每万份收益，以及长期的业绩稳定性。

第四大类是基金直销型的互联网理财产品。此类产品是公募基金公司在自己的直销平台上推广销售自家的基金产品。

随着互联网理财的兴起，几乎各大基金公司都推出了自己的直销平台。其中的典型代表有华夏基金旗下的活期通、汇添富基金旗下的现金宝。

随着余额宝的推出，传统基金都纷纷开始跟进创新。第三方支付与货币基金联合，披上互联网金融外衣的各类理财产品与基金公司直销推广的产品在原始收益率上并无差异，但是灵活性和流动性上确比传统的基金具有更大的优势。因为，两者背后所对接的基金产品实际上是同一款产品，收益率自然也一样。唯一不同的是，一般货币基金虽也承诺 T+0 赎回，但必须等到当天收市清算后资金方能到账。但是对于此类基金直销型的互联网理财产品而言，与各类宝宝类产品类似，通常都为客户提供随时赎回服务，几乎等价于活期存款，但是收益率往往都是活期存款的 5 倍以上，是非常方便的现金管理类工具。

第五大类是传统商业银行通过互联网发行的理财产品。此类产品通常是银行内部自己发行现金管理工具、直销银行发行的理财产品。

此类产品由于有银行信用作背书，因此也受到了广大投资者的信赖。典型代表有平安银行旗下的平安盈、广发银行旗下的智能金、民生直销银行天天增利。

银行安全、可靠的品牌形象是该类产品最大的优势。很多投资人正是出于充分信任银行，资金能够安全、及时变现的考量，才会更青睐有金融机构作背书的平台。这类平台以自身银行体系的产品为基础进行销售，也正由于机构提供的强大信誉背景，使得底层资产更加安全、更加可靠。

近年随着金融科技如火如荼的发展，商业银行已经开始积极拥抱互联网变革。多家银行已开始通过互联网技术全面提升旗下的开放式理财产品，其中，开放式的 T+0 产品的年化收益率提升至 3.5%左右，而且还提供网上银行和手机银行等互联网工具购买，极大地方便了银行客户购买互联网理财产品。

5.1.2　发展现状

根据中国互联网络信息中心(CNNIC)2019 年 2 月发布的第 43 次《中国互联网络发展状况统计报告》显示，截至 2018 年 12 月，我国互联网用户规模达 8.29 亿，全年新增网民 5 653 万，互联网普及率已经达到 59.6%，其中，我国手机网民规模达 8.17 亿，网民使用手机上网的比例达 98.6%，可见移动互联网已成为我国居民最常用的上网渠道之一。截至 2018 年 12 月，我国购买互联网理财产品的网民规模达 1.51 亿，同比增长 17.5%，网民中使用互联网理财服务的比率达到 18.3%。由此可见，全国有超过 1 亿的用户使用过互联网理财。互联网理财已经成为我国居民重要的理财方式之一。

根据 2019 年 7 月艾瑞咨询发布的《中国互联网财富管理行业研究报告》显示，2013 年我国互联网理财(含各类宝宝类产品)市场规模有 7 726 亿元，而到了 2018 年已达到 5.66 万亿元，涉及基金、保险、券商资管、银行理财等各类业务。经过短短 5 年的发展，规模增长了 7 倍之多，发展速度之快。随着理财市场的规范以及居民理财意识的逐步萌发，在金融服务产业和互联网产业迅速发展的推动下，互联网理财市场将继续保持快速发展。

当前互联网理财市场中，活期产品占据市场的主流。除宝宝类的 T+0 货币基金产品之外，还有各大公募基金公司发行的各类货币基金、短债基金等产品,此类产品大多为活期型的产品,基本上没有固定期限,可以随时申购,也可以随时赎回。除了活期产品,互联网理财还有很多固定期限的理财产品,像票据、保险、短期债券型基金等理财产品,此类产品大多有固定的存续期,产品收益率也更高。很长一段时间此类相关产品的年化收益率都曾经达到 5%以上,相比同期的银行存款有巨大的优势,也吸引了大量的用户积极参与,取得了巨大的发展。

随着互联网、移动互联网的快速发展,互联网理财得到了极大的发展,尤其受到“80 后”“90 后”等新生代网民的高度青睐。传统意义上,人们普遍认为“90 后”的理财意识薄弱,但在互联网理财市场中“90 后”却显现出超出其他年龄群体的“财商”。虽然“90 后”投资人的投资额度普遍不高,但是投资人数多,且增长很快,总体占比很高。目前,互联网理财市场快速增长,主要原因有三点:

第一,更贴合用户需求,为用户提供更友好的操作体验。从用户需求来看,互联网理财产品具有更低门槛、更高收益和更好的流动性等优点,为广大的中小投资者提供了一种原来难以获得的金融服务,更贴合大众的理财需求。目前,互联网理财产品大多是 1 元起购,起点极低,按天计算收益,投资灵活,同时收益率大多远远高出银行同期理财产品的收益。因此,互联网理财对大部分投资者具有很大的吸引力。从购买渠道方式来看,互联网理财产品的购买渠道多依托用户规模大、使用频率高、发展成熟的第三方支付平台,通过手机终端即可一键操作,购买和赎回极其便捷。

第二,投资理财的收益更高。从互联网特性来看,互联网的便捷性打通了资金链条,减少了中间操作环节,降低了理财产品管理及运营成本,提高了理财产品的收益。同时,互联网的长尾效应可以聚合大量个人用户的零散资金,既提高了互联网理财平台在商业谈判中的地位,也使得个人零散资金能获得更高的收益回报。

第三,产品信息更透明。由于互联网理财产品通过互联网运营管理,大部分有关互联网理财产品的信息更加简洁、透明,更易于阅读。在实际销售过程中，我们还可以看到产品的总规模、募集进度、参与人数等，这能让广大的互联网用户实时监测资金和收益情况。

随着余额宝等各类宝宝类产品的兴起，大量的中小投资者都能够以极少的资金、极少的成本投资于宝宝类产品，这让投资者能够以很低的交易费用自由地在银行储蓄存款与资本市场货币基金之间自由切换，这一方面加速了零售存款市场和银行同业市场的融合，大大促进了我国利率市场化；另一方面，对于降低理财门槛，唤醒数以千万从来没接触过理财的人萌发了理财的意识，打开了巨大的理财市场。

由于货币基金安全、稳健、流动性高的特点，当前互联网理财市场仍然以货币基金为主，预计未来随着金融科技的快速发展、专业化服务的提升以及政策引导的驱动，互联网理财市场将逐渐向权益类净值型产品转移，产品形式多种多样且呈现百花齐放的局面，并且更加接近财富管理的意义。

5.1.3 未来发展趋势

随着网民理财意识的逐步增强，金融科技业务的不断发展，互联网理财将在产品、渠道、用户体验、专业化和综合化等方面体现出更强大的优势，获得更大的市场规模。

1. 互联网理财产品将更简单易懂，更多元化

互联网理财正是通过互联网等技术手段，为用户提供更为简洁、清晰的理财产品，方便投资人进行筛选投资。互联网理财平台通过专家团队基于对金融产品的理解，将合适的产品进行处理，从而将产品进行组合拆分，降低用户投资的门槛，帮助用户获得更高的收益及进行安全性与投资收益的配比和权衡，将复杂的处理工作在后台技术处理完成，而处于前台的产品则更为简单化，以方便投资人的投资需求。

伴随技术创新和产品研发，金融科技为广大的互联网用户提供了更加便捷的方式以及多样化的选择。在巨大的市场需求的推动下，腾讯、京东、

苏宁等纷纷推出多样化的理财服务，不仅创新意识强的互联网企业，传统商业银行为了抢占市场，也纷纷拥有金融科技，为客户提供互联网理财服务。

2. 渠道更下沉，往碎片化、社交化发展

随着智能手机、移动互联网的快速普及，手机已成为人们日常生活中的重要工具，且伴随着生活节奏的加快，人们的生活逐渐被越来越多的碎片化时间所占据。想要获取更多的用户、增强用户体验，就需要通过移动终端为用户提供简单、快捷、高效的服务，方便用户利用碎片化时间来完成业务操作。

业务渠道的全面线上化乃至移动化是当前以及未来互联网理财平台所要极力占据的主要渠道。移动互联网的兴起，将互联网理财服务逐步向移动端渗透，在提高用户体验的同时，也满足用户碎片化时间的理财需求。由于移动互联网的特性，平台更加注重用户的活跃度和黏性，并借助移动互联网的渠道优势，将业务下沉至三线乃至四线城市。

3. 互联网理财服务使用户体验更好

作为伴随互联网技术普及而快速发展的互联网理财，必然要充分利用大数据、云计算、人工智能等技术，为用户提供更加智能、更加个性的理财服务。

互联网理财，依托互联网信息技术快速发展，必然使原来传统的理财产品拥有更强的竞争能力，特别是人工智能技术的应用，使得传统的理财产品具有了更大的创新空间。一方面，互联网理财平台根据自身的用户基础，借助当前数据以及用户的积累，充分挖掘用户的潜在需求，为不同用户提供个性化的理财产品；另一方面，则是在大数据技术、机器学习技术的支持下，使得智能投顾成为可能，将原来依靠传统理财顾问才能获得的理财服务，更多的通过技术手段形成并替代，这将极大地降低未来理财服务的成本，同时也将为更多的理财用户带来更好的服务体验。

互联网理财平台，作为一个互联网运营主体，必然要重视自身的产品及服务，充分利用各种新型技术，降低运营成本，提高服务效率，为客户提供互联网时代下更高效、更便捷的理财服务体系，为广大投资者提供安全、简单、透明、高效的互联网金融服务。

4. 互联网理财的综合化和专业化

伴随着互联网理财市场快速的发展态势，行业竞争的不断加剧，互联网理财平台也呈现出多样化的局面，其中，综合化理财与专业化理财模式并行是互联网理财的两大趋势。

早期的互联网理财公司从单一服务介入理财市场，通过移动支付、便民工具、理财服务等方式不断积累用户。当用户积累以及平台流量达到一定程度后，单一化的理财服务不再满足多类型用户的需求，而是在原有服务的基础上逐渐丰富理财产品，提供各种理财服务、理财工具，从而增强用户的忠诚度，提升客户的黏性。

专业化理财平台则是基于某一客户群体、某一类理财服务等提供更为专业化的理财服务，弥补投资者在专业能力上的不足，且随着金融科技受到越来越多的关注，只有形成自己的特色，在某一专业领域具有更高的品牌效应、更深的护城河才能获得长久发展。

5.1.4 监管政策进展

伴随人们对理财意识的逐渐觉醒，互联网理财模式凭借较低的投资门槛、相对较高的理财收益率获得越来越多投资人的认可。但由于互联网理财迅速野蛮生长，产品同质化竞争激烈，市场鱼龙混杂，少数平台为了个人私利不正当竞争甚至故意损害投资者的利益，给行业造成一些负面影响，制约了行业的进一步发展。

为了规范市场秩序，保护投资者的利益，防范系统风险，监管部门从互联网理财平台和金融机构两个方面制定了相关政策，清理违规操作，保护中小投资者的利益。

2018 年 4 月，央行互联网金融风险专项整治办发布了《关于加大通过互联网开展资产管理业务整治力度及开展验收工作的通知》（以下简称《通知》），《通知》称：依托互联网公开发行、销售资产管理产品，须取得中央金融管理部门颁发的资管业务牌照或资管产品代销牌照。未经许可，依托互联网以发行销售各类资产管理产品（包括但不限于“定向委托计划”“定向融资计划”“理财计划”“资产管理计划”“收益权转让”）等方式公开募集资金的行为，应当明确为非法金融活动，具体可能构成非法集资、非法吸收公众存款、非法发行证券等。《通知》还强调了惩戒措施，要求不合规的存量业务应当最迟于当年 6 月底前压缩至零。不按要求整改的机构被定性为“从事非法金融活动”，将被取缔，面临注销电信经营许可、封禁网站、下架移动 App、吊销工商营业执照等处罚。

与此同时，政府也在积极规范金融机构的市场行为。2018 年政府先后出台《关于规范金融机构资产管理业务的指导意见》《关于进一步规范货币市场基金互联网销售、赎回相关服务的指导意见》等多个行业政策文件，逐步规范市场发展，提出打破金融机构刚性兑付、收紧货币基金 T＋0 赎回额度、降低银行理财投资门槛等多项政策。

在此背景下，互联网理财市场逐步形成新的市场格局：一是各类宝宝类货币基金理财产品规模得到有效控制，货币基金发行规模、交易规模持续减小，余额宝等大规模的理财产品通过支付宝接入多个货币基金产品，通过多个基金分流减小单个基金规模；二是银行理财投资门槛明显降低，结合流动性和收益率优势，T＋0 高流动性的银行理财逐步成为宝宝类基金的有力替代。上述市场新变化表明行业逐步朝稳健、规范的方向发展，一方面，降低理财市场规模过大带来的金融风险；另一方面，降低金融机构的融资成本，促进资金回流银行，有效提升资金的社会利用效率。

伴随资管行业监管的加强，竞争的激烈化、规范化以及市场需求的不断增加，互联网理财行业将迎来更加广泛的行业影响力。

5.2 风险提示

投资理财最害怕的就是“被骗”，只要不是被骗，大家也许基本都认命，所以很多投资者也许会认为风险应该主要在于互联网理财平台，甚至有些投资者会简单地认为只要找个上市公司或是国企股东的理财平台，就可以大胆投资了。这种想法不能说没有道理。互联网理财的核心是确定平台，但即使是大型上市公司的理财平台也是有风险的，比如挤兑风险、平台倒闭风险依然存在，到时候投资者依然要承受很大的损失。

在我们实际投资互联网理财时，除了要选择一个可靠的平台，我们还要仔细分析其中可能遇到的风险，主要集中在三个方面：道德风险、合规风险、项目风险。

1. 道德风险

在互联网理财中，我们首先关心的依然是道德风险。道德风险作为互联网金融背景下个人理财面临的首要危险，也是约束互联网理财发展的首要因素。其中，道德风险主要表现在两个方面：其一是互联网理财平台自身存在的道德风险，平台本身是否具备运营互联网理财的资质，是否自身不参与融资。在实际操作的过程中，一些平台为了自身融资的需求，伪造虚假信息，构造虚假标的进行非法融资等圈钱活动，更有甚者通过 P2P 网贷平台从大量小额投资者手中借款。其二是底层资产中借款人的道德风险。由于如今的信用体系还不够完善，平台与平台之间信息不透明，平台上借款人的身份识别、信用评估仍然存在难题。平台上的业务信息，尤其是借款人的违约信息，并没有进入国家征信体系，因而无法真正实现信息共享等，致使借款人的违约成本很低，容易引发借款人的道德风险。

2. 合规风险

互联网理财平台发展时间短，同质化竞争激烈。各平台在发展过程中为吸引用户，做大规模，不时发生违规运营的状况。一旦平台业务被定性为违规业务，对投资而言几乎意味着全军覆没，因此合规风险是我们在投资中不得不重视的板块。

(1)故意夸大收益，风险提示不足

目前，以余额宝为代表的互联网理财产品都以货币基金为主。但在铺天盖地的宣传中，互联网理财平台往往更多的是强调其安全性和收益率，对其中的风险提示不足。货币基金虽然风险较小，但货币市场利率波动仍然会影响收益率，收益率并非固定不变。同时，互联网理财产品普遍采取 T+0 模式，存在集中赎回带来的流动性风险。一旦遇到集中赎回，可能资金就无法及时到账，会影响客户的投资体验。

(2)无序竞争，违规促销

一些互联网理财平台为了获取用户，吸引投资者，甚至不惜自掏腰包发“补贴”，以提高用户的收益。《证券投资基金销售管理办法》中明确规定，基金销售机构从事基金销售活动，不得有“采取抽奖、回扣或者送实物、保险、基金份额等方式销售基金”等行为。

一些货币基金宣扬的收益率仅仅代表历史业绩。投资者需明白，货币基金的收益是与货币市场利率走势息息相关的，是有波动性的，因此不能简单地以历史业绩为唯一标准。

(3)系统安全薄弱，存在资金安全隐患

也许互联网理财平台上资产真的安全，但是平台系统却未必真正安全。多数互联网理财产品在通过互联网进行公开发售时，都宣称平台上的资产有担保措施，有的宣称是由保险公司全额承保，有的宣称是由担保公司担保，例如，2017 年百度百发声称，所有的固定期限理财产品均由中国投融资担保有限公司提供担保。因此这些资产也许都是真实、安全的，但是投资者在互联网理财平台所使用的系统却未必是安全的,需要投资者格外小心。因账户丢失导致资金损失而未得到赔付的报道屡见不鲜,对于大额资金的投入仍需谨慎。

3. 项目风险

在实际投资的过程中,无论如何我们还是要关心项目的风险,毕竟钱最终是给项目方用了。项目的风险是无法避免的,也是直接决定我们的收益的。项目风险就是我们具体投资的每个项目风险能否把控住,一旦出现了风险该如何处置。

从理论上讲,做投资理财的,不管是线上还是线下,不管银行还是互联网平台,项目本质还是最核心的,项目风险是关键。

对于互联网理财平台而言,如果对接的外部资产是银行、证券、保险等传统金融机构生产的资产,由于这些金融机构受国家监管,内部风控措施相对完备,底层资产的风险相对可控,这种情况下我们评估项目的风险主要看金融机构的实力和大股东的兜底能力。如果对接的资产是一些外部的 P2P 网贷平台、小贷公司、保理公司等非银金融机构,互联网平台不仅要仔细评估合作机构的信用等级和还款能力,还要认真审核底层资产的风险状况。

综上,在投资互联网理财中降低风险的方法首先是找到稳健、靠谱的平台,然后在投资的过程中尽力做好项目分析,分散投资,或者选择一些实力更强、有品牌背书的大平台,分散平台投资。

哪些平台是安全的平台呢? 最好选择真实、靠谱、有品牌的平台。比如,你居住在深圳,则最好选择深圳周边的平台进行投资,那么可以在深圳当地找前几名的理财平台进行投资,在开始投资之前最好仔细考察公司资质、标的是否真实,平台有没有接触投资者的资金,有没有存管银行,平台交易总金额,平台应收总金额等。各种你能想到的问题都可以作为考察目标,考察之后没问题再以小笔资金投入。

由于近期互联网金融整治,金融科技行业正在肃清,大量互联网理财平台被淘汰出局。目前，市场上正在运营的互联网理财平台，大多都是浪里淘沙留下的，拥有不错的口碑，值得关注。

5.3　投资机会

其实关于互联网理财的相关知识，我们前面已经描述很多。前面提到的第三方支付理财、P2P 网贷投资、网络众筹实质上都是互联网理财的范畴。这一章，我们单独讨论互联网理财，是因为除我们前面提到的机会之外，还有一些其他的好机会，也可为我们带来更多的投资机遇。本章重点描述互联网基金理财、直销银行、互联网公司理财产品三大类。

5.3.1　互联网基金理财

互联网给传统的基金销售提供了一种方便、快捷的通道，特别是对货币基金这种相对安全性好、流动性高的产品有明显的优势。第三方支付中，基金支付业务就是专为通过互联网平台代销基金而设立。对基金来说，通过互联网销售基金传播速度更快，成本更低，体验更好。因此，我们相信随着互联网的发展，网络销售在非货币基金销售中的市场份额会不断提升，未来会拥有更大的发展空间。

1. 第三方平台基金超市模式

传统的基金理财平台例如数米、和讯、好买等都属于第三方基金代销模式，它们利用互联网理财平台整合多家基金公司的产品资源，搭建在线基金超市，为用户提供基金认购、申购和赎回等一条龙服务。第三方基金代销平台通过整合多家基金优秀产品，可以为投资者提供更加良好的投资体验，与传统银行代销相比，有选择多、优惠多、便捷多、服务多、安全高五大优点。目前，各家平台都已经开发出了手机 App，通过手机终端即可随时随地享受基金服务，这也是目前基金销售中最新的发展方向。如今不少商业银行也都开始大力推广其手机银行,用户也可以使用手机银行购买基金。

这里的基金代销平台主要包括各大银行、券商、第三方支付和各类的基金代销平台如天天基金、陆金所、数米基金等。用户通过互联网理财平台购买基金的时候,通常需要支付一定的费用,其中的费用包括基金前端申购费用、后端赎回费用和尾随佣金。通过互联网理财平台申购基金往往费用更低,只有线下传统申购费用的 4 折,甚至 1 折,是极其优惠的,因此能吸引大量的用户参与。目前互联网基金销售规模达到万亿元。

正是因为看好基金理财未来广阔的发展空间,以 BATJ 为代表的互联网公司纷纷抢滩互联网基金代销业务。例如,百度成立百度百盈、蚂蚁金服通过间接持股的方式获得基金销售牌照成立蚂蚁财富、京东旗下成立京东金融纷纷开展互联网基金销售业务。一方面,它们手握支付、电商等流量端口,可为基金销售开辟新渠道;另一方面,互联网平台的参与也可促进传统金融与金融科技业务的进一步融合,为基金公司的转型升级指明方向。

由于公募基金公司的主要收入是依靠基金申购费、赎回费和管理费。通过互联网理财平台销售基金时,在降低了申购、赎回费用后,基金公司主要依靠管理费,因此只有达到一定的销售额,才能获得足够多的管理费。管理费再扣掉基金销售支持费用、系统运行费用、支付结算费用后,才是基金公司最后的利润。基金公司盈利其实并不容易,转型势在必行。基金公司如何充分利用金融科技的优势,降低成本,提高效率,打开市场格局,是各家基金公司的战略重点。

2. 基金公司直销模式

目前,网络直销已是基金行业的必争之地,是基金公司的主战场。许多基金公司都开通了网上交易平台和移动终端交易平台,投资者只要打开基金公司的网页或手机 App,都可以登录至交易平台,轻松完成基金的申购、赎回和转换等各项业务。申购、赎回费用与第三方基金超市平台类似。

随着互联网的深入发展,互联网逐步成为基金公司比拼营销手段的新战场。网络直销、网络广告、网上客服，以及借助网络开展的大型品牌宣传活动等不一而足。借助网络直销平台，基金公司不仅拓展了营销渠道，获得了更多的客户资源，同时还可以在一定程度上强化自己的品牌效应。

3. 挑选优质基金的方法

无论采用何种方式投资基金，要想取得优质的投资回报，找到优质基金是关键。如何挑选一只优秀的基金？每个人都会有自己的方法，但一定都是从基金的历史业绩、基金经理的管理能力、基金公司的投研实力这三个角度深入分析。

其实除了这三个角度以外，笔者还特别关注机构的持有份额和比例，这也是一个非常简单、有效的参考指标。机构投资者持有基金的份额或比例越高，就代表机构对这只基金的认可度越高，往往基金更显优秀。机构投资人作为专业的投资者，拥有更多的信息优势、更强的专业分析能力，不像大部分散户那样“人傻钱多”，他们在买基金时都要追求稳健收益的。举个例子，截至2019年6月30日，汇添富优势精选混合的基金机构持有0.33亿份，占总份额的3.36%，个人投资者持有9.40亿份，占总份额的96.64%；而对于华夏大盘精选混合，截至2019年6月30日，基金机构持有0.84亿份，占总份额的21.72%，个人投资者持有3.03亿份，占总份额的78.28%。由于华夏大盘的机构持有份额占21.72%，远大于汇添富优势精选的机构持有份额，在这种情况下我们通常可以选择华夏大盘精选，从长期来看，华夏大盘的走势回报确实更好。

4. 互联网基金未来的发展趋势

互联网基金，借助互联网、移动互联网等大大扩大了金融服务的覆盖面和渗透率，为广大的中小投资者提供了更加便捷、高效的现代金融服务，体现了包容性金融的发展思路。以余额宝为代表的金融服务创新使得更多寻常百姓能够以“标准化、碎片化”的方式获得原来主要面向高端客户的理财服务，余额宝的出现和发展完全契合普惠金融的发展理念。在余额宝示范效应的带动下，商业银行开始拥抱金融科技，更加关注用户的体验与感受，部分商业银行纷纷成立了网络金融事业部、直销银行等新兴的金融科技业务，提升服务质量、重视投资者权益保障，为广大中小投资者带来更多、更优质的金融服务体验。随着传统金融机构的参与，互联网基金理财将呈现出新的趋势。

(1)互联网基金销售机构历经从通道到服务的转型，专业服务成为互联网基金理财平台的核心竞争力

从投资者需求以及大部分互联网基金平台的发展历程来看，互联网、移动互联网通过提供一个便捷、安全的通道满足了大量中小投资者的投资理财需求，因而带来基金销量的大幅提升。但随着移动互联网的普及、大量玩家的进入，互联网基金销售市场竞争激烈，未来只有具有专业的投资服务能力，才能吸引客户，掌握主动权。

目前，市场中已经有很多互联网基金销售平台，他们大多认识到提高专业服务的价值。但优秀的投研顾问团队需要长期的积淀，需要长期的培养和投入。未来，在投研顾问方面积累较多的基金研究机构，才有可能为客户提供更好的基金投资服务，才能发挥更大的作用。

无论是传统销售渠道还是互联网销售，基金销售机构的多元化和相互竞争，会促进它们为广大的基金投资者提供更加质优价廉的服务。目前，市场中很多互联网理财平台还处于竞争的初步阶段，推出的均是基于货币基金的固定收益类产品，投资风险非常低，接下来将是一站式生活服务平台的综合竞争，不仅包括现金理财工具，还包括交费、转账、还贷等生活服务集成，以及需要较高投顾服务的各种权益类投资产品。未来互联网基金销售平台必定更加专业，将为广大的互联网用户提供更加优质的金融服务。

(2)互联网基金快速发展推动了国内利率市场化进程

余额宝的横空出世，打响了互联网基金争夺活期存款的第一枪。各大宝宝类产品犹如“鲶鱼”一样，推动传统商业银行与金融市场的变革和创新，

各类互联网基金产品快速分流存款、客户需求不断变换、外部竞争日益加剧的新形势，促使商业银行转变经营理念和发展方式，拥抱金融科技。

利率市场化改革大背景下，互联网基金利用开放共享的平台化运营、大数据挖掘分析方法和高度注重客户体验的理念，加剧了零售客户市场竞争的激烈程度，客观上倒逼传统商业银行自我变革。同时，互联网基金的崛起，将使得目前货币市场以银行为主的交易结构更加多样化，活跃了短期货币市场的交易，促进了货币市场短期投资标的的发展，完善了金融市场体系和价格形成机制，对于进一步形成有效的市场化利率水平有积极的推动意义。

(3)互联网基金帮助投资人提高认知水平，使投资行为更加理性

我们都理解，投资者买基金是为了获得投资回报，因此，互联网基金的销量与基金的预期年化收益率成正相关。有些互联网理财平台正是抓住了消费者急切渴望盈利的心态，故意大力展示和宣传基金高收益的一面，引诱投资者入场，但很多时候投资者忽视了风险与收益成正比的道理，往往这些基金的风险也是比较大的，一旦下跌，基金亏损也将会很严重。

随着互联网理财的不断发展，广大互联网投资者的理财知识不断丰富，投资者对基金的认知水平不断提高，对基金的选择一定会更加理性。未来只有真正优异的基金才能获得市场的认可。

5.3.2　直销银行

直销银行是互联网时代应运而生的一种新型银行运作模式，是金融科技业务的一种形态。在我国并没有一个统一的概念，一般都是商业银行为了吸引更多的用户，方便客户使用银行服务所采取的一种打破传统柜台业务办理的方式，在互联网上就能直接进行业务办理的经营方式。

1. 直销银行的优势

直销银行，充分利用科技的力量与客户间建立“在线”的营销、交易、服

务的触点或界面,持续强化银行中台数据化决策和后台集中运营流程的新型银行形态,采用金融科技手段让客户可以通过网页、移动终端等随时随地办理业务,为双方节省了大量的排队等候的时间。这种模式的经营理念是向着更快捷、方便的业务办理方向发展,大大地减少了用户在银行业务办理上所花费的时间和精力。

直销银行与以往的传统银行相比其主要拥有网络依赖性强、业务产品精准化、成本低、方便快捷等优势,但是相对的网络的依赖性强等也是阻碍直销银行发展的一个主要因素。这些特点都使得直销银行的交易过程十分简便、操作时间短,工作人员相对减少了很多,固定设备和原有的产品等的使用减少了很多,因而直销银行提供理财产品往往收益率更高,操作更简便,更受用户喜爱。

在我国针对直销银行的业务,无论是个人用户还是企业用户,均偏好理财产品,且这些用户主要集中在经济发达地区。目前,直销银行的理财产品则主要是智能存款、货币基金、基金产品、黄金产品、保险理财等,销售模式以代理销售为主。用户开通直销银行后,不仅能享受一般的理财、贷款等业务,还能享受到像电商购物或生活服务这样的增值与创新服务,如有些直销银行为用户提供“五险一金”、房产估值等服务。

2. 直销银行的发展现状

2015 年 11 月,中信集团与百度联合宣布双方达成战略合作,中信集团旗下中信银行与百度联合发起设立百信银行。作为中国首家独立法人直销银行,百信银行一直在与银监会沟通谋求相应的业务经营牌照。银监会经过充分研究论证,于 2017 年 1 月批复了百信银行的筹建,成为国内首家独立法人直销银行。很快,江苏银行、招商银行、包商银行等纷纷宣告拟以独资或合资的方式发起设立直销银行子公司。自此,国内大多数商业银行纷纷开展直销银行业务。

直销银行账户是银行通过手机终端为客户设立的电子账户,主要特点是纯线上开户，方便、快捷，目前这类账户的主要功能是理财，是互联网理财中的重要板块，值得我们高度关注。

3. 直销银行的介绍

直销银行的大致功能与我们日常使用的手机银行类似，操作比较简洁。这里推荐 4 个比较好用的直销银行，主要有：

第一，民生银行直销银行——银行发钱，1 分拿好。整个体验流程顺畅，营销活动多。

在民生银行直销银行注册开户，需要填对信息，依次包括姓名、身份证号、手机号、邮箱、登录密码、短信验证码、绑定银行卡卡号（目前几乎支持国内主流的银联借记卡）、设置交易密码。另外，关注民生银行直销银行的微信公众号后，也可以在微信上进行开户。

民生银行直销银行的特色是理财产品的收益率不是很高，同时民生纸黄金业务无论是定投还是理财业务都比较方便。

第二，口袋银行——早期称为橙子银行，它们不是卖橙子的银行，而是平安集团旗下的橙色银行。

平安橙子银行是平安银行打造的针对年轻人的直销银行。橙子银行在注册环节需要填写的信息依次包括姓名、身份证号、用户名、登录密码、电子邮箱、所在城市、手机号码、动态密码、交易密码。橙子银行支持 PC、MAC、安卓手机客户端、苹果手机客户端这四种渠道进行注册（开户）。后来橙子银行与平安银行手机客户端合并成为平安口袋银行，即平安手机银行，其中整合各具特色的理财产品，大家可以对比选择。

第三，兴业银行直销银行——买买买！免注册！

兴业银行直销银行是兴业银行倾力打造的投资理财产品的互联网直销平台，享有“财富直通车”的美誉。兴业银行直销银行为客户提供收益稳健的多种投资理财产品，并支持多家银行卡直接在线购买，具有操作简单、“一键购买”的畅快体验。

兴业银行直销银行是目前体验的直销银行里“注册”环节最简单的——因为兴业银行直销银行在前端根本就没有设置注册这个环节。无论你此前是不是兴业银行的客户，只要你通过兴业银行手机 App 第一次购买理财产品，就能同步完成兴业银行直销银行的开户。

以使用他行卡初次购买“兴业宝 ”(类余额宝的货币基金产品)为例，需填写的信息包括姓名、身份证号、手机号码、短信验证码、存入金额、银行卡号、取款密码等，此外，还需用户选择一个兴业银行的网点作为自己的开户网点。填写上述信息提交确认后，就能同步完成注册和购买。

兴业银行直销银行目前没有直销银行的专属 App，但通过兴业银行手机银行客户端，也可以进入直销银行栏目进行注册。

第四，华润直销银行——开户发红包。

华润直销银行的注册入口比较清晰，注册环节需要填写的信息较少，主要包括手机号码、手机动态码、登录密码、验证码、姓名、身份证号、交易密码。

在华润直销银行刚刚推出之际，下载并登录华润直销银行手机 App 或绑定官方微信服务号，即可免费领取一个 A 类红包，打开即有机会获得最高 100 元现金；推荐 50 个以上小伙伴，排名前 20 的客户，可获 888 元现金，中奖金额直接充值至华润直销银行账户。

直销银行与原有的手机银行一样，都是通过移动互联网、大数据、人工智能等技术获取客户线上、线下行为数据，对用户的地域、性别、资产、偏好、习惯、行为等进行画像，在简单标准化产品的基础上运用智能模型为客户提供个性化、差异化的金融服务。根据市场目前的发展形势，大多数银行的直销银行都慢慢与手机银行合并，充分整合资源，通过降低成本、优化服务，为广大中小投资者提供更亲民、更优质的理财产品。

5.3.3　互联网公司理财产品

知名互联网公司如京东、小米、苏宁等，都拥有强大的品牌背书和广大的用户流量。在金融科技浪潮的推动下，它们充分整合自身资源，利用人工智能、大数据、云计算、区块链等技术搭建互联网理财平台，通过与各专业的金融机构合作，利用互联网出售各种金融产品，让有投资理财需求的客户可以足不出户，就能够享受专业、快捷的金融服务，深受广大中小投资者的喜爱。这是金融科技的重要业务形态，是未来金融机构的主流发展趋势。

在大型互联网理财平台，往往有各式各样的理财产品，例如寿险产品、万能险、券商资管、票据理财等，每种产品在不同的阶段往往收益也不相同。

1. 互联网公司发行的票据理财

由于票据理财产品的背后是银行承兑汇票，代表商业银行的信用，因而风险可控，期限一般为 3～6 个月，收益相比宝宝类产品更胜一筹。因此，在各类互联网理财平台上，票据型的理财产品受到投资者的热捧。

在看到票据理财产品的市场前景后，蚂蚁金服旗下的招财宝、苏宁金融旗下的零钱宝纷纷加入这一蓝海领域，另外也包括发行小票通的平安银行、发行电商 E 票通的民生银行等传统银行。目前，大部分票据理财产品的收益率在 3%～6%之间，相比宝宝类产品的收益率优势明显，因而获得了广大用户的青睐。

2. 知名互联网理财平台介绍

当前市场规模比较大的互联网公司金融理财平台，有京东金融、苏宁金融、小米金融等，由于这些平台背后的股东背景实力强大，用户规模大，一般而言，风险不大。

(1)京东金融

京东金融起步于 2013 年，是从京东内部孵化出来，用了两年的时间，搭建了一整套的服务于零售产业链的、以风险定价为核心基础的金融科技服务体系，推出了供应链金融、消费金融、网络众筹、互联网理财等多种金融服务。

随着金融监管政策的不断收紧，无论是在支付业务、基金销售业务，还是在小额贷款、消费金融等领域，互联网金融巨头们受到的限制也越来越多，通过互联网提供金融服务的不确定性也越来越大，这也倒逼着巨头们做出相应的选择。

2015年，京东金融开始提出金融科技的定位，转型为金融机构提供数字化、系统化服务，从B2B2C的服务模式中积累了大量的2B服务经验。不过，京东数字科技仍将金融业务作为核心。如今，京东金融业务调整之后，京东数字科技的金融业务包括2C和2B两大板块，其中，2C金融包括消费金融、财富管理、保险、支付、网络众筹等业务板块，2B金融包括企业金融、技术服务输出等业务板块。京东数科逐步转型为金融机构提供技术服务的科技公司。

目前，京东金融成为京东数字科技旗下的子品牌，包含个人金融、企业金融、金融科技等板块，致力于为个人和企业提供可信赖的、普惠的数字金融服务，帮助金融机构提升业务效率、降低成本、增加收入，与金融机构一道更好地服务个人和企业用户。

(2)苏宁金融

苏宁金融是中国金融O2O先行者。凭借苏宁线上线下海量的用户群体、特有的O2O零售模式和从采购到物流的全价值链经营模式，建立支付账户、投资理财、消费金融、企业贷款、商业保理、众筹、保险、预付卡等业务模块，打造了苏宁易付宝、苏宁理财、任性付、供应链融资、电器延保等一系列知名产品，为消费者和企业提供多场景的金融服务体验。

苏宁金融一直定位于普惠金融，充分地为大众提供适当的、有效的金融服务。任性付是苏宁金融旗下的个人消费贷款品牌，类似于支付宝旗下的花呗，旨在为个人用户提供多场景、全渠道、全方位的小额消费贷款服务，是苏宁普惠金融的重要业务形态。

围绕上游供应商和下游用户的融资、理财、信用消费等方面的金融需求，苏宁小贷已经累计为近万家合作伙伴提供了 570 多亿元的贷款，苏宁众筹上线累计筹集额近 15 亿元，一直稳居行业前三。

苏宁金融家庭财富中心首创国内互联网金融 O2O 模式，突破了传统互联网金融线上体验的单纯模式，为客户提供了便捷、全面、优质的服务，打造一站式 O2O 金融服务平台。用户可以在苏宁家庭财富中心咨询理财产品知识、体验专业的专家指导服务等，缩短了用户与互联网金融之间的距离，带来安全、放心的购买体验。据了解，苏宁家庭财富中心的理财产品平均认购金额达到 5 万元以上，最高单次认购金额超过 500 万元。

(3)小米金融

小米金融是小米公司旗下的金融科技服务平台，于 2015 年 5 月正式上线。小米金融依托小米集团“手机＋AIoT”双引擎战略，业务主要围绕集团的生态链开展，主要业务范围包括消费信贷、第三方支付、互联网理财、互联网保险、供应链金融、金融科技、虚拟银行及海外板块等。

从发展路径来看，小米金融起步于 2015 年，发展路径与其他新金融巨头们类似：从支付切入，然后进入利润最高的贷款领域，同时兼顾互联网基金销售、保险代销、理财等流量消耗型业务，且逐步向产业链上游延伸，为用户定制个性化的产品。

小米在金融业务的投资方面出手也颇为频繁，先后投资了老虎证券、51 信用卡、积木盒子等多家公司，覆盖了网贷、证券、理财、彩票等多个领域，目前已经成为综合性的互联网理财平台。

除此之外，还有多家互联网巨头在纷纷开展互联网理财业务。投资者在选择过程中还是要认真分析平台背后的互联网巨头，建议只选择国内前 10 家互联网公司的理财平台进行投资。根据家庭资产配置的一般理论，投资者可以尝试 4∶3∶3 原则，即 40％配置低风险、收益稳定的直销银行理财、保险等固定期限产品；30％配置流动性较好的宝宝类互联网基金产品，保持较高的流动性和稳定的现金流；30％配置一定的高收益、高风险产品，如 P2P 网贷产品等，以博取相对稳定的投资收益。

综上所述，目前随着金融科技业务的不断深化，行业发展的不断规范，市场上各类互联网理财产品的层出不穷，不可否认有些产品确实风险很大，但是更加重要的是这也确实为我们带来了更好的投资机会。建议大家保持关注，认真分析，一定可以找到适合自己的好产品。

第6章 智能投顾

随着人工智能技术的不断成熟，金融行业中的投顾服务与人工智能逐步融合，从而逐步产生了智能投顾业务。智能投顾即Robo-Advisor，能根据个人投资者提供的风险承受水平、收益目标以及风格偏好等要求，运用一系列的人工智能算法及投资组合等理论模型，为用户提供投资参考建议，并根据市场的动态变化对资产配置再平衡提供建议。

随着金融市场的不断深入发展，金融产品类型、交易策略、金融交易工具的日趋复杂，普通投资者的学习成本越来越高，往往难以跟上市场发展的步伐，导致专业投资顾问的需求日渐增多。受限于传统的投顾服务资金门槛高、服务流程烦琐、服务费高昂等诸多不便，大量的普通投资者的投顾需求无法得到有效满足，基于人工智能技术的智能投顾便应运而生。通过利用人工智能这一手段，可以帮助广大的中小投资者，以更低的成本、更高的效率获得传统投资领域中高净值人士才享有的顾问服务。

6.1 产品分析

智能投顾，是金融科技领域中一种新型的业务形态，是通过计算机为用户提供智能化的投资顾问服务。智能投顾有狭义和广义之分，狭义的智能投顾是指机器人智能投顾，指用计算机程序根据用户的选择帮助用户进行投资管理；广义的智能投顾则是利用互联网进行资产管理，脱胎于帮助用户制订消费计划的在线理财。本章所讨论的主要是狭义的智能投顾。

6.1.1 业务模式分析

智能投顾又称机器人理财，通常指根据个人投资者提供的风险承受水平、收益目标以及风险偏好等要求，运用一系列的人工智能算法及金融市场的投资组合优化等理论模型，为用户提供最优的资产配置方案，并根据市场的动态变化对资产配置再平衡提供建议。

在智能投顾出现之前，传统金融领域中投顾服务一直被认为是高净值客户群体才能享有的财富特权，大量中、小投资者的财富管理需求根本无法得到有效满足。而随着大数据、人工智能等技术的发展，不仅新型的金融科技公司，传统金融巨头也积极利用人工智能技术布局智能投顾，如高盛、苏格兰皇家银行、嘉信等也纷纷涉足该领域，利用技术为用户提供投顾服务。大量的金融科技巨头，投入大量的成本开发智能投顾业务，为广大的中、小投资者带来了福音。

1. 服务流程

智能投顾，与传统投顾服务类似，其业务必须包含投资理财中的“投资”和“顾问”两方面的服务内容。投资服务，就是人工智能下的智能投顾机器人能像投资经理和基金经理一样分析当前的市场行情，帮助客户寻找投资机会，实现事前的风险预算，事中的资产配置，事后的自动调仓、投后监测和市场研判的自动化；顾问服务，就是智能投顾机器人能像传统金融机构的顾问服务人员一样，为客户实现投资方案定制、资产诊断、财富规划、咨询陪伴等内容。

目前市场中各类智能投顾的业务表现形式可能不尽相同，但一般具有类似的服务流程。根据美国金融监管局(FINRA)2016 年 3 月提出的智能投顾标准,智能投顾服务包括 7 个组成部分,分别为客户分析、大类资产配置、投资组合选择、交易执行、投资组合再平衡、税收规划、投资组合分析。通过这 7 个服务,梳理客户的投资需求,为用户提供投资理财建议和顾问服务。如果没有这些服务,只是把理财产品像超市一样堆积在网络页面和手机应用中,那最多就是我们前面描述的互联网理财平台,离真正的智能投顾还相差甚远。因此,要判断一个智能投顾产品的好坏,必须从理论上的"顾问+投资+智能化"三要素结合出发,同时利用金融行业的特殊性、资产配置的相关理论,深刻理解用户需求并践行落地。

智能投顾,充分利用大数据、人工智能等技术,深入分析客户的需求,为客户提供 7×24 小时不间断服务,自动化、智能化地为用户提供个性化的服务。智能投顾大大降低了传统投顾服务的人工成本,帮助客户发现更多的业务机会,获得更多的投资收益。智能投顾利用自动化技术为用户提供标准化的服务,较大程度地避免平台和客户之间的利益冲突,防范了道德风险,拥有强大的市场发展潜力。

2. 典型特征

通常来看,智能投顾是传统的投资顾问和人工智能技术相融合的产物。与传统投资顾问类似,智能投顾依然承担着用户和金融产品之间的桥梁作用,帮助用户筛选和配置优秀的金融产品,因此,智能投顾的主要特点在于使用大数据、人工智能等信息技术。

(1)通过大数据识别用户风险偏好

随着这几年互联网应用的增多和大数据的积累,大数据、人工智能正发挥着越来越重要的作用。可以看到,类似亚马逊向我们推荐个性化的商品、奈飞公司(Netflix)推荐个性化的影视节目、今日头条推荐个性化的新闻,都是采用了人工智能模型,分析用户的特征,根据不同的用户行为构建用户画像,根据不同的用户画像推送不同的相关信息。同样,在智能理财领域,人工智能技术也可以根据用户大数据识别用户投资理财需求、流动性偏好、个性化的风险偏好等，根据不同用户的实际情况提供个性化的理财方案。

在利用互联网技术后，这种风险偏好的识别可以通过大数据实时动态计算，成本更低，效率更高。一般风险偏好会表现为恐惧和贪婪两个方面，而且并不是固定不变的，大部分人的风险偏好会随着市场涨跌、收入水平等因素的变化而波动。比如，2015年上半年牛市很多人都进入了股票市场，这就是贪婪导致的风险偏好的上升，但到了2016年初熊市来临的时候，大家的风险偏好因恐惧又开始下降。如果是传统的理财顾问来做这件事情，得到的结论极有可能会有一定的滞后性，另外与客户大量的沟通成本也会增加不少。由于客户年龄、性别、收入、投资期限、心理特征的差异会产生不同的风险偏好和风险偏好变化轨迹，只有利用技术驱动的智能投顾，才能做到千人千时千面。利用智能投顾识别用户的风险偏好，不仅更加客观、准确，而且能够大幅降低风险识别带来的成本，提高用户的投资收益。

(2)通过人工智能和大数据模型制定资产配置组合

计算机的普及、互联网的链接，极大地提高了金融的运行效率，大规模的金融产品统计终于成为现实。大数据技术的完善、计算机能力的提升，大大提高了金融资产的风险评估和预期收益测算能力。人工智能技术深度学习算法，能够不断优化投资模型，获得更加精准的资产评估数据，为投资者带来实实在在的经济回报。

在传统的量化模型中，均值、线性回归等数理统计方法，在数据有限、异常值处理不合适的情况下，往往会产生较大的误差。在智能投顾模式中，系统会实时获取市场中的各类业务数据，通过深度学习算法，不断优化各类资产风险(方差)和预期收益(期望)的评估，获取更加精准、更加客观的金融市场信息；按照诺贝尔经济学奖得主马科维茨的最优投资组合理论，求出不同资产配置的最佳组合；根据客户的风险偏好设计一系列最佳组合，帮助用户降低风险，提高投资收益。

智能投顾可以根据市场变化结合用户的风险偏好，利用大数据、人工智能模型定制个性化的资产配置。通过分析当前市场资产的风险和收益，根据资产配置模型得出最优投资组合，也可以通过多因子风控模型更好、更准确地把握前瞻性风险，还可以通过自动化程序进行信号监控、量化分析制定择时策略。自动化程序的加入让资产配置更加高效、更精准，也让投资决策变得更加理性。

(3)利用系统实现投资决策更透明、更理性

智能投顾通过大数据技术，能更全面、更准确地了解投资者的风险偏好和收益预期，并通过后台算法自动匹配适合投资者的投资策略；利用大数据、云计算、区块链等技术对用户个性化的资产配置方案进行实时跟踪调整。由于智能投顾依托互联网技术进行资产配置，因此，智能投顾可以实时跟踪用户的资产配置，动态评估资产的风险和收益并及时调整。

高度的自动化流程使投资过程更透明和流动性更高，不但为广大中、小投资者提供了更加有针对性、更加个性化的资产配置方案，也给广大中、小投资者带来更多的投资机会，从而给投资者带来更多的信赖感。同时，由于智能投顾业务通过计算机智能程序预先设定止盈止损点并自动化执行，避免投资者因冲动而做出不理智的决策。

智能投顾作为一项融合大数据、人工智能等技术的金融科技业务，必须尽可能地为客户实现投资收益最大化、风险最小化。智能投顾并不会一味地追求高收益，而是要在用户可以承受的风险范围内实现收益最大化。智能投顾，可以通过人工智能技术实现精准化的收益测算，并能根据用户风险偏好实现收益最大化。由此，我们可以发现智能投顾的深刻内涵和本质，即智能是手段，投顾是目的。优秀的智能投顾服务是：既要像投资经理一样为客户在财富管理上做出“靠谱”的财富回报，也要像理财顾问一样为客户表现出人性化“温暖”的沟通和体贴陪伴。

3. 智能投顾的层次

目前市场上已经出现很多智能投顾平台，投顾服务的质量参差不齐。

如果按照其算法的个性化程度、对客户需求的满足程度以及金融产品交易的自动化程度，我们可以将智能投顾划分为三个层次：

第一个层次是标准化建议服务。此类智能投顾是通过人工智能技术对金融数据进行分析，通过统计分析，为客户提供一般意义上的投资建议，属于通用型、标准化的智能投顾。

第二个层次是个性化推荐服务。此类智能投顾则会按照一套流程，仔细了解投资人的资金情况、偏好、风险承受能力等信息，根据资产组合理论，给出个性化的投资建议，但不进行具体的投资交易，具体的交易行为由投资人自行完成，属于个性化智能投顾。

第三个层次是真正的智能投顾。此类智能投顾是在前两个层次的基础上由智能投顾平台代理投资人完成投资行为，甚至在未得到投资人指示的情况下自动进行交易，这一层次的智能投顾可以被认定为智能化自动交易。

4. 智能投顾的优势

当前智能投顾受到了社会各界的高度关注，很多金融机构为了顺应时代潮流和促进企业未来发展，都在积极引进智能投顾技术。不管是各类持牌金融机构还是非金融机构，不论是注重资产管理的机构还是注重客户服务的机构，不管是二级金融市场还是一级金融市场，都在积极拥抱人工智能技术，探索智能投顾业务，为用户提供更加高效、更加智能化的投资服务。

(1)智能投顾可优化适应不同人群的资产配置

智能投顾是依据1990年诺贝尔经济学奖得主马科维茨的投资组合理论建立的模型。该理论强调，应根据不同人对风险和收益的不同，组建不同的资产组合，实现资产配置的最优化。例如，中年人收入较高，更愿意承受大的风险，获得高收益，用以改善家庭生活质量，可以适当配置高风险类股票。老年人则希望在保住本金的前提下获得一定的收益，用来安度晚年，更多地配置低风险债券。智能投顾平台针对不同的用户给予个性化的资产配置解决方案，实现个人资产的最优配置。

(2)智能投顾可降低人为主观因素对投资的影响

大多数投资者在真实的投资过程中,由于受心理作用的影响,往往游走于风险和收益两端,之间的界限往往需要客观、冷静地分析,才能获得更加有利的选择。传统的投顾服务,有专业的服务人员提供,在投资时难免带有主观印象,可能引发错误的判断,从而影响决策。然而,智能投顾相对于人工投顾更加冷静,没有情绪的波动,只有理性的判断,更加智能化。应用智能投顾可以帮助用户做出客观的判断,战胜人性的弱点,严格执行投资纪律,最终达到优于人工投顾的投资效果。

(3)智能投顾能够为广大用户提供非常便捷的理财方案

智能投顾,是一个为广大中、小投资者服务的诚意之作,旨在为缺乏金融知识或者没有理财时间的用户提供高效的理财服务。平台在用户进行简单的操作后,即可以在众多的金融产品中给用户提出内容丰富且具有针对性的投资组合。智能投顾的整个流程全部由机器人来完成,十分快速和便捷,同时门槛更低,成本更低。

目前,各家智能投顾平台因为配置的金融产品类型不同,投资的门槛不同,少则 1 000 元,多则上万元。即使这样,智能投顾的投资门槛也低于商业银行理财产品 5 万元的投资门槛,更远低于私募基金 100 万元的投资门槛。可见,智能投顾得益于其相对低的投资门槛,可以服务于更广泛的人群。

(4)智能投顾可降低金融交易的成本

智能投顾平台,通过大量的模型和算法为广大用户提供投资服务,减少中间人工干预的环节,能最大限度地惠及大量用户。因此,就单个用户而言,智能投顾平台通常只收取少量的服务费,与传统智能投顾相比几乎不值得一提。国内智能投顾平台收取服务费的方式不同,有的按投资总额收取服务费,有的按浮动收益部分收取服务费,更有资金实力雄厚的大平台不收取服务费。同时,智能投顾打破了传统投资顾问根据交易的佣金来获利的规则,省掉了不必要的交易,也能适当降低交易成本,将更多的投资利益返回给投资者。

随着投资市场大数据的不断积累，投资模型的不断迭代优化，将有更多的用户参与智能投顾，智能投顾将产生更大的社会影响力。智能投顾的合理、规范运用也将更大程度上推动金融科技领域的快速发展。

6.1.2 智能投顾发展现状

2011年，美国WealthFront开创了智能投顾的先河，受到了市场的高度关注。美国作为智能投顾的发源地之一，目前已成为智能投顾行业发展的领头羊，其相对成熟的业务发展模式和监管政策为其他国家提供了一个良好的参考框架。

我国的智能投顾业务起源于2015年，由于市场起步较晚，因而大多数企业仍处于早期发展阶段。入场虽晚，但发展速度迅速。据Statista估算，2017年我国的智能投顾管理的资产达289亿美元，其年增长率高达261%，资产规模在全球仅次于美国。在中国市场上，智能投顾平台，大多数都对客户免收服务费或是账户管理费，仅收取客户交易、购买产品（比如公募基金）相应标准的佣金或申赎费用。因此，我国的智能投顾还是以产品销售为主，而在西方成熟的资本市场上，智能投顾的盈利模式和传统投资理财机构类似，都是通过收取中间财务顾问费的方式盈利，以咨询服务为主。

经过短短几年的快速发展，智能投顾的市场热潮呈现快速扩大的趋势，市场多类主体纷纷加入这一赛道。银行、券商和基金等传统的大型金融机构，由于掌握大量的客户资源和牌照优势，成为智能投顾发展的中坚力量，同时具有流量优势和数据优势的大型互联网公司和智能投顾初创公司也在积极地探索和布局。

1. 智能投顾市场玩家

目前，与传统投顾服务类似，我国的智能投顾主要还是服务中、高收入人群，包括超高净值人群、高净值人群以及大众富裕人群，再往下沉的客户并不是智能投顾的目标客户，这与金融科技的另一重要分支P2P网络借贷的目标客户有明显的差别。

按照智能投顾平台的业务模式和运营主体的差异，可以划分为以下四类：

(1)券商直推的智能投顾服务。金融科技作为券商服务升级转型的一个方向，证券公司往往会利用自身在二级市场的卖方优势，推出智能投顾平台，如海通证券、广发证券、长江证券、平安证券等。

(2)银行和基金代销机构等推出的智能投顾服务，以公募基金作为智能投顾的主要产品，进行基金组合资产配置模式，如盈米财富、摩羯智投等。

(3)第三方财富管理机构推出的智能投顾服务，尤其是原有第三方基金销售公司，利用基金代销的优势，以各类公募基金作为底层资产配置，通过叠加人工智能技术为用户提供智能投顾服务，如弥财、蓝海财富等。

(4)市场上各类声称做智能投顾的平台，实则把基金、非标资产等各类理财产品组合打散起来做一个资金池的经营模式。这一模式存在较大的法律法规风险，有被取缔的风险。

综观国内各大金融科技平台，都相继推出了自己的智能投顾的理财产品，但从本质上看，各平台在金融产品种类、金融产品配比、人工智能技术的运用上实力悬殊较大，产品表现差异也很大。根据上文所述的智能投顾发展的三个层次分类来看，目前我国大部分的智能投顾平台的发展水平仍处在第一层次或第二层次。

2. 智能投顾业务类型

根据投资者在平台实际操作流程的不同和获得服务的不同，我们将国内的智能投顾平台，按照其经营模式分为独立建议型、混合推荐型和一键理财型三种。表 6—1 为智能投顾概念的理财平台概况。

表 6—1 智能投顾概念的理财平台概况

平台名称	产品进度	业务模式	金融产品种类
平安一账通	推出产品	混合推荐型	货币基金、股票基金、债券基金、混合基金、票据理财、P2P 网贷产品等
京东金融	推出产品	混合推荐型	固定收益理财、债券基金、股票基金、定期理财、票据理财、京东小金库
聚爱财 Plus	推出产品	混合推荐型	P2P 网贷产品、货币基金、A 股、债券、期权等
宜信	推出产品	混合推荐型	P2P 网贷产品、全球 ETF 投资组合
钱景私人理财	推出产品	独立建议型	货币基金、股票基金、债券基金、混合基金、ETF
弥财	推出产品	独立建议型	多支海外 ETF
财鲸	推出产品	独立建议型	多支海外 ETF
微量网	推出产品	独立建议型	A 股
百度股市通	推出产品	独立建议型	A 股
资配易	推出产品	独立建议型	A 股
胜算在握	推出产品	独立建议型	A 股
懒财网	推出产品	一键理财型	信托、现金等
钱大人	推出产品	一键理财型	P2P 网贷平台“网银贷”旗下的理财产品

数据来源：网贷之家、盈灿咨询。

(1)独立建议型

独立建议型的智能投顾平台是作为独立的第三方，仅仅为用户提供投资顾问，不涉及用户的真实投资交易。独立建议型的智能投顾平台与国外 WealthFront、Betterman 等知名平台相似，通过调查问卷的方式，对用户的年龄、资产、投资期限和风险承受能力等方面进行分析后，为用户推荐一系列满足其风险和收益要求的不同配比的金融产品。独立建议型的智能投顾平台运营模式如图 6—1 所示。

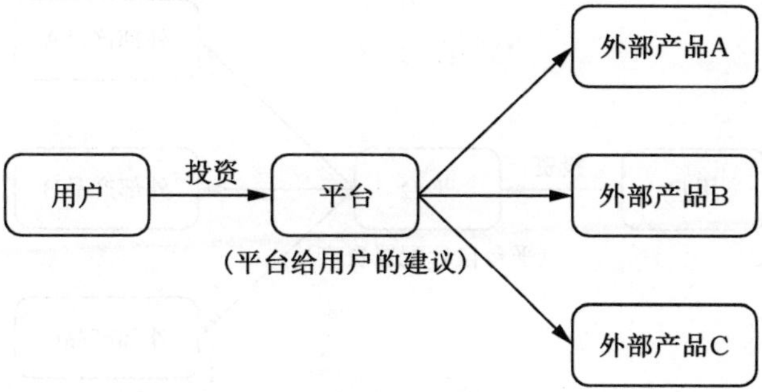

图 6—1　独立建议型的智能投顾平台

独立建议型的智能投顾平台只为理财用户提供投资建议，并不会直接干预用户的投资。独立建议型的平台可能会代销其他机构的金融产品，但平台自身并不开发金融产品，也不强行要求用户购买任何产品。平台推荐的金融产品大多数为传统金融市场上的金融产品，如货币基金、债权基金、股票基金和指数基金等，有些平台还配置有股票、期权、债券和黄金等。

(2)一键理财型

一键理财型的智能投顾平台，是直接为每个用户提供标准化的投顾服务，为用户定制标准化的资产配置方案，并不会咨询每个用户的风险偏好。在一键理财型的平台中，用户只需要选择“智能投顾”这项业务，平台就会根据大多数用户的需求和以往的行为数据自动配置产品。简单来说，这类智能投顾平台，简单明了地告知用户该投资组合的风险和收益，剩余的其他工作全部都由机器人自动进行资产配置，用户直接投钱就可以，其他的并不需要参与。一键理财型的智能投顾平台运营模式如图 6—2 所示。

一键理财型的智能投顾平台与独立建议型平台类似，也不自主开发自己的产品，通常都是代销市场已有的产品，根据当前金融市场的现状和市场中大部分客户的选择偏好，为用户提供设计好的资产组合，利用技术手段，帮助用户可以实现简单、方便的购买。

(3)混合推荐型

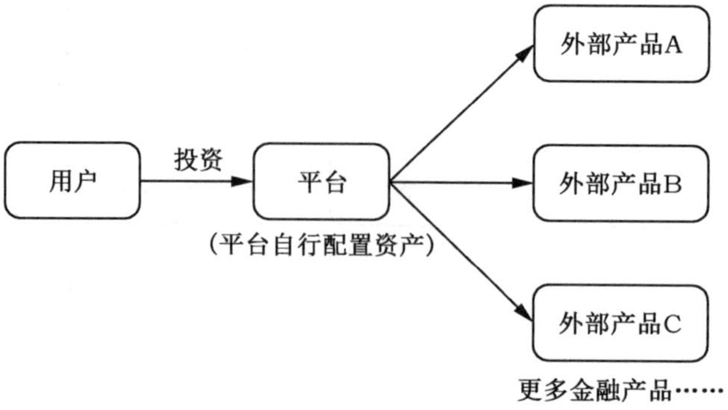

图 6—2　一键理财型的智能投顾平台

混合推荐型，使平台本身不仅为用户提供投资建议，还在投顾平台中融入了自身特有的金融产品，即向用户推荐的投资组合中，包含部分平台自身提供的产品，如图 6—3 所示。

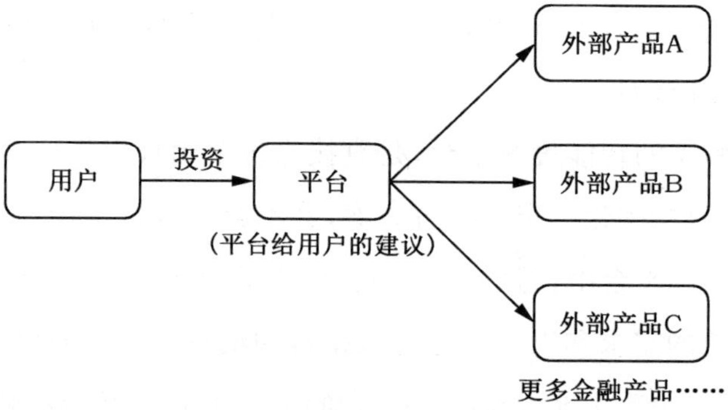

图 6—3　混合推荐型的智能投顾平台

该类型平台仍然通过调查问卷的方式，获得用户的相关信息，对用户的年龄、资产、投资期限和风险承受能力等进行全面分析，给出用户个性化的投资建议。与独立建议型平台不同的是，混合推荐型平台在经过大量的计算后，不仅为投资者提供投资建议，还为客户推荐相关的投资产品，甚至包括自己平台发行的产品。例如，一些混合推荐型平台会为用户配置一些平台自身开发的 P2P 网贷产品、票据理财产品、固定收益理财产品等。同时，平台还有可能为用户配置其他机构的金融产品，来满足用户的投资需求。

目前，市场上智能投顾服务模式主要以以上三种类型为主，还存在其他一些个性化的投顾服务，多以混合推荐型的居多。在实际投资过程中，我们可以根据平台的费率、平台产品的丰富性等结合自身需求进行选择。

6.1.3 监管政策

由于智能投顾在我国发展的时间比较短，目前对智能投顾等互联网金融产品或平台的法律法规相对滞后，但在新的制度出台以前，仍受现行行业制度规制。

目前，在智能投顾行业已出台的规定中包含对“以软件工具、终端设备等为载体，向客户提供投资建议或者类似功能服务的”产品的监管要求，《证券投资顾问业务暂行规定》第二十七条规定：

(1)客观说明软件工具、终端设备的功能，不得对其功能进行虚假、不实、误导性宣传。

(2)揭示软件工具、终端设备的固有逻辑和使用风险，不得隐瞒或者有重大遗漏。

(3)说明软件工具、终端设备所使用的数据信息来源。

(4)表示软件工具、终端设备具有选择证券投资品种或者提示买卖时机功能的，应当说明其方法和局限。

2013 年出台的《关于加强对利用“荐股软件”从事证券投资咨询业务监管的暂行规定》中也涉及对证券投资咨询机构利用荐股软件从事证券投资咨询业务的规范，明确提出“向投资者销售或者提供荐股软件，并直接或者间接获取经济利益的，属于从事证券投资咨询业务，应当经中国证监会许可，取得证券投资咨询业务资格”。

按照中国证监会于 2016 年 3 月发布的《关于整合现有证券、基金、期货业务许可证有关事宜的公告》，作为证券投资咨询业务的智能投顾应当按照相关流程申请“经营证券期货业务许可证”。

2018 年 4 月，“大资管新规”出台，首次将“智能投顾”产品服务纳入监管服务范围，未来“智能投顾”也将迎来更好的发展机遇和更健康的监管环境。

6.1.4 未来的发展趋势

目前，智能投顾在我国正处于起步阶段，无论是金融市场、监管政策还是投资决策模型都在不断地尝试中。随着金融市场的不断开放，互联网用户理财意识的增强，智能投顾业务将不断地完善，未来智能投顾将拥有更大的市场空间。

结合国内金融科技的市场情况来看，在接下来一个阶段，我国智能投顾行业的发展将呈现以下特征：

1. 更加注重模型和算法

智能投顾，要为用户提供更加优质的服务，必须不断地收集市场数据并进行大数据分析，同时挖掘数据背后深层的关联关系。而目前市场中主流的智能投顾产品主要还是人机结合，只能做到智能调仓，其深度学习和自我完善的能力还有明显不足，智能的特点不足。

智能投顾的核心是模型和算法，它们需要长时间序列的数据进行学习和修正，也需要较长的时间周期经由市场检验，同时还需要结合当前的市场环境进行不断优化。模型和算法的优化是未来智能投顾需要重点研究和不断完善的领域。

2. 往长尾客户下沉

从目前的市场来看，智能投顾主要还是在服务高净值客户人群，更多扮演着投资工具的角色。智能投顾，通过人工智能、大数据等技术应用于投资理财领域，将后台功能简化、财富管理数字化、资产建议智能化，帮助财务顾问更好、更有效地服务其客户。对于之前难以享受到理财顾问服务的长尾客户而言,智能投顾更大程度上满足 P2P 网贷市场洗礼出来的客户对被动投资的饥渴需求,对于现有财富管理市场起到更好的补充作用。

3. 传统金融机构拥有更大优势

根据现行市场发展格局,未来中国智能投顾的行业格局会与美国行业格局相仿。拥有技术研发能力,占据客户资源和渠道资源,具有成本、规模优势的综合性平台将占有较大的市场份额。头部的互联网公司,如京东、同花顺、蚂蚁金服等在互联网基金销售端占据优势以及拥有庞大的客户资源,未来在智能投顾领域具有较大的增长潜力,而拥有广泛的零售客户、庞大的投顾团队、众多的线下网点以及强有力的基金销售渠道的券商系、银行系等传统金融机构也会在智能投顾领域具备强势地位。

虽然智能投顾行业有待升级,但从收益来看的确已经超过现有许多指数基金,向市场证明其拥有的领先优势。未来,随着人工智能技术的不断提高,智能投顾必然往第三层次发展。随着业务模式的不断成熟,人工智能技术的不断完善,未来会普及更多的金融机构,为广大用户提供智能投顾服务。

6.2　风险提示

智能投顾,作为金融科技领域的新生事物,通过互联网帮助客户进行投资的过程中,通过人工智能等技术以自动化方式为客户提供具体的投资建议,实现资产配置,在一定程度上突破了现行的法律合规框架,因而受到了各国监管部门的关注,面临一定的运营风险。

6.2.1　智能投顾面临的风险

1. 技术安全风险

智能投顾,通过计算机算法为客户提供投资组合和资产配置建议,并基于各项数据依靠计算机系统为客户提供账户管理服务。由于智能投顾与计算机网络、数学模型关系密切，所以，智能投顾也面临着与其他互联网理财平台相同的问题，即技术风险。

从美国“5月6日科技股闪电崩盘”“骑士资本乌龙事件”和我国“8·16光大证券事件”等诸多风险事件来看，依靠互联网技术交易的智能投顾确实存在着一定的技术风险。这类风险主要体现在以下两个方面：一是网络内部风险，即自身固有的缺陷所带来的风险。比较典型的是算法缺陷带来的损失。算法缺陷是指因编程设计错误或因网络维护不周全等非客户原因，造成智能投顾不能按照原有算法原理及程序为客户提供正常、持续服务的计算机漏洞。除了算法缺陷外，智能投顾还存在实际风险偏好与投资组合风险不一致、策略模型的有效性因市场因素而减弱等风险。二是网络外部风险。这也是金融科技所共同面临的风险，主要包括病毒侵入、黑客攻击、网络异常或瘫痪、交易延迟等风险。这类风险与算法缺陷的不同之处在于，网络外部风险针对的是使用该系统的全部投资者，影响较大且范围广。算法缺陷只针对使用该模型的个人或者较小部分的投资者，影响范围更小。

2. 市场风险

在国内现行金融市场法律法规、监管政策和投资者需求因素构成的环境下，智能投顾在我国可能面临着“水土不服”的尴尬境地。智能投顾在美国的应用对象主要是交易型开放式指数基金（即ETF基金），但是我国的ETF基金远不如美国发达。从市场数据来看，截至2015年末，美国ETF基金产品超过1 500只；而我国ETF基金产品只有127只。在我国，ETF基金产品品种少且结构简单，智能投顾分散风险的功能无法得到很好的发挥。

从中美两国税收法律来看，美国资本利得税和401k计划的相关政策使得人们对低成本的避税工具有较大需求，进而促进了智能投顾业的发展。而在国内税收政策环境下，人们对于运用智能投顾这类工具避税的需求较小。从投资理念来看，目前我国投资者的投资理念，尤其是散户等大量投资者的投资理念，对智能投顾持有怀疑态度。

目前大部分用户对于智能投顾服务的局限性，缺乏基本认知和理解。比如，用户可能并不了解这些服务的提供方式，不清楚自动化工具和流程可能并未考虑其全部的财务状况，部分潜在客户可能并未真正理解交易执行功能与投资产品推荐功能之间的区别。此外，自动化投资工具和算法也可能存在偏见，比如对于某类专有产品具有倾向性，也可能存在择时不准确的问题。我国散户主要集中于短线操作，重视金融工具的短期收益。而智能投顾寻求的是长期稳定收益，这与散户的投资理念相冲突。

3. 信用风险

金融市场中资金融通的核心基础是信任。这种信任既体现在金融服务者、投资者等主体之间，也体现为各主体对整个资本市场健康发展的信心。随着金融业务逐步转移到互联网上，人与人之间的交流变成人与机器之间的交流，增加了虚拟性。智能投顾所涉及的传统业务，均有适度性、透明度和信披义务的要求。

智能投顾依据投资者的投资风格和风险偏好，根据金融大数据来提供服务，由于算法、大数据等生成的投资组合难以实现生成过程的透明化，有关投资组合的信息披露能否真实地反映客户的真正需求尚待考验。

目前我国很多智能投顾运营平台是将自己定位为信息中介平台，其背后却存在着多重角色。例如，一个智能投顾平台的运行，可能涉及证券公司、证券咨询机构、基金销售机构、资产管理机构等，一旦智能投顾的算法和技术等缺陷给投资者造成损失，由于缺乏健全的纠纷解决机制（包括责任分配、举证责任等）和风险分担机制（包括风险准备金、强制性保险等），各责任主体互相推诿责任，风险很容易就转嫁到客户身上。客户一旦出现损失，就会对智能投顾以及相关中介机构不信任，从而出现群体性大额赎回的风险，进而可能造成证券价格非正常波动，影响投资者对整个证券市场的信心。

4. 操作风险

智能投顾，通过互联网、移动互联网工具，根据客户提供的信息结合已有的模型，为客户提供投资风格的确定、合同的成立与生效等功能，同时运营者运用智能投顾算法自动执行、调仓、自动再平衡等功能，这些高效的功能、指令在给投资者带来高效、便利服务的同时，也由于智能投顾运作的专业性和复杂性，使得投资组合产生以及资金流向更加不透明，从而产生了操作风险。

投资智能投顾产品，面临的操作风险主要包括两类：一是平台营运者所产生的操作风险。主要表现为程序缺陷造成的指令执行失误、违背信义，可能会为客户提供不符合投资者风格的建议等。智能投顾营运者操作风险的特点是涉及风险资金金额巨大，很可能涉及民事赔偿法律纠纷等。如果是内部人员故意为之，还涉及内幕交易、操纵市场的法律风险。二是一般投资者面临的操作风险。投资者面对智能投顾这类复杂的自动投资工具，无论是服务合同的成立与生效，还是交易合同甚至是委托资产管理合同，鼠标点击同意或者触摸手机屏幕即可完成。一旦投资者对投资权利和义务的意识稍加放松，就有可能在营运者软件流程的引导下签署不符合自己意思表达的格式合同，这将会增加投资者的违约风险。例如，粗暴的免责条款、将“全权委托业务”的授权条款掺入一般服务协议条款之中等。一般投资者由于缺乏专业知识，意识不到电子合同的契约性。签订这类电子合同使得原本在金融市场中就处于弱势地位的一般投资者承担过多的义务，进一步加剧了双方的信息不对称，不利于对其合法权益进行保护。

5. 数据安全风险

智能投顾，通过事前的个人信息调查问卷获得投资者的大量身份信息、个人财务状况信息，并且在使用过程中又获取投资者的交易信息、账户信息等，一旦个人数据保管不当，容易产生数据安全风险。虽然智能投顾的运营平台可以运用技术手段对这些信息加密，但是如果内部管理不善或者遭受外部网络攻击，投资者的个人信息很容易被泄露。营运者除了需要承担违约风险外，可能还涉及行政处罚、刑事责任等风险。

6.2.2 避免智能投顾风险的措施

智能投顾目前尚处于发展的初级阶段，存在一些发展中的问题。为了规避风险，监管部门需要结合业务特点从以下三个方面规范和完善智能投顾行业的发展，保护投资者的利益。

1. 建立健全智能投顾算法审查机制

投资决策模型作为智能投顾业务的核心，算法模型、资产配置选择影响着投资者的投资策略和实际收益。目前我国智能投顾业务尚未建立起完善的算法检测机制，面临着一定的技术性风险，有必要尽快弥补该类空白。

未来要真正保证投资安全、稳定，我们必须建立一系列措施，健全智能投顾算法的审查机制。第一，平台需要全方位地了解和把握智能投顾所采用的算法背后的假设、原理、局限等；第二，与记录算法相关的设计规则和要素等，设置专门的文档用以储存，便于后续监管部门监督管理；第三，对智能投顾算法及时监测、改进和完善，实时更新；第四，如果算法出现错误，需要及时止损设置，做到及时终止投资服务，尽可能避免投资者的损失。总之，对于智能投顾，我们需要建立一套完善的信息跟踪机制，建立健全智能投顾算法审查机制，更好地服务客户。

2. 完善相关行业法规

鉴于智能投顾业务属于新兴产业，很多以往制定的法律法规现已不能适应智能投顾模式的飞速发展，亟须尽快完善相关法律法规。随着行业的不断扩大，明确智能投顾产业的具体监管机构、业务操作流程，完善监管规则，势在必行。

当前市场鱼龙混杂，建议监管部门规定必须取得证券投资咨询业务的资格才能合法开展业务，例如，在监管机构注册投资顾问等方式，一旦获得业务需求，可以针对投资顾问和资产管理业务问题，适当放宽管制。国外发达国家如美、日等也并没有将投资顾问和资产管理彻底分开。2015 年 3 月，我国证券业协会发布《账户管理业务规则(征求意见稿)》提出，“持照投资咨询机构可以接受客户委托，代客执行账户投资和交易管理”。在规范市场的同时，有效推动智能投顾业务，促进产业发展和进步。

3. 加强信息披露水平

为了进一步有效减少信息不对称现象，确保用户的投资权益，避免人机互动带来的局限性，需要重点完善平台的信息披露制度，使得投资人可以及时掌握投资动态。此外，智能投顾依托于互联网平台，面向广大群众，信息量较传统投顾业务丰富，但是碎片化的信息传播容易导致投资者接收信息遗漏，而且雷同信息也容易湮没有效信息，所以重要事项需要做到重点披露和强调，以避免造成投资者的损失。

6.3　投资机会

智能投顾发展时间短，在我国的发展尚处于初期阶段，目前各家机构都在尝试探索中，有些产品还不太成熟，但市面上已经有大量的智能投顾产品。某些产品可以提供比大多数散户更加灵活、更加稳健的资产配置，在降低风险的同时也提高了收益，值得我们积极关注。

普通投资者在选择智能投顾产品的时候必须兼顾产品的收益性和稳定性两个方面。产品的收益性，是指相对于市场上的其他产品，在同一段时间能给投资者带来更高的回报。产品的稳定性，是指在市场处于下跌状态时，智能投顾产品的抗风险能力更强，回撤更少，同时在市场走势良好时，可以获得超过市场平均收益能力的特性。因此，如何做到在震荡市场中将收益和风险控制在最优的配比水平是每家智能投顾产品的核心目标，也是投资者判断智能投顾产品业绩稳定的科学视角。

6.3.1 智能投顾产品介绍

更高收益、更小波动性的智能投顾产品，是投资者在选择投资产品时应首要考虑的因素。根据当前市场的现状，本书梳理了 5 款热门的智能投顾产品，帮助大家更好地认识智能投顾产品，选择智能投顾产品。

1. 摩羯智投

2016 年 12 月，招商银行在自有手机银行上推出了摩羯智投产品，后者成为业内首个由国内商业银行推出的智能投顾产品。凭借招商银行长年积累的资产管理优势和庞大的客户群体，摩羯智投的资产管理规模已突破 100 亿元。

摩羯智投是运用机器学习算法，并融入招商银行十多年的财富管理实践及基金研究经验，在此基础上构建的以公募基金为基础标的、全球资产配置的“智能基金组合配置服务”。在客户选择大致的投资期限和风险承受等级后，摩羯智投会根据客户提供的选择，自动生成资产组合配置方案。客户可以点击查看详细的配置方案，包括具体的基金产品名称和配置比例，用户可以根据系统方案，选择“一键购买”并享受后续服务。

摩羯智投给出的投资组合包含四大部分：固定收益类、股票类、现金类及另类其他，其中，固定收益和现金及货币购买的都是中低风险、平衡型的基金产品，有较为稳定的收益。另类及其他的产品，主要是风险较高的基金产品，负责为用户创造更高收益。

摩羯智投主要是根据用户提供的投资期限和风险等级，为用户配置方案，把用户的风险等级分为 10 级，按照投资年限分为 0～1 年、1～3 年、3 年及以上年限，这样风险等级和期限匹配之后一共有 30 种组合，每种组合对应的四大类资产配置都有所不同，对应不同的风险等级，同时尽可能提高投资收益。

摩羯智投未设置风险评测机制，由用户自行选择风险偏好，同时加入了对投资期限的考量，基于这两个维度进行资产配置，提供了30种投资组合，为用户提供多种投资配置方案。目前，摩羯智投的投资标的以国内主动型公募基金为主，少部分通过QDII基金投资海外市场。通过搭配不同的投资组合，为用户创造安全、稳健的投资收益。

综合考虑，摩羯智投通过人工智能算法为用户提供投资理财方案，对比银行理财是一个高风险、高收入的投资产品。传统的银行理财产品的优势是相对稳定的，收益率却相对较低；摩羯智投更加智能，相对风险较大，但是投资者可以自由选择风险程度，面对不同风险偏好的投资者都有市场。

2. 金融界灵犀智投

金融界是国内首家美国纳斯达克上市财经互联网公司，其推出的智能投顾产品于2016年11月上线运营，智能定投产品于2017年5月上线运营。在稳健运营半年有余后，金融界正式发布智能投顾品牌“灵犀智投”，其中包括灵犀智投（智能投顾）和灵犀定投（智能定投）两大产品。灵犀智投底层的投资标的也是市场上的公募基金，利用人工智能、大数据技术致力于打造“千基挑一”的优质基金组合。

灵犀智投通过一套简单的风险调查问卷，了解用户的收益回报和风险偏好，以市场中的公募基金为基础，依据诺贝尔奖经典理论的投资组合策略进行全球资产配置，覆盖A股、港股、美股、黄金、债券等大类资产，同时纳入养老模型和家庭资产配置理念，为每一位投资者提供“千人千面”的智能化服务，量身定制投资组合，针对传统定投过程中投资者的痛点，利用人工智能算法开发出一套新的资产配置模型。

3. 宜信财富投米RA

投米RA为宜信财富旗下的智能投顾产品，基于诺贝尔奖研究成果研发的智能模型以及海量金融数据分析，为广大投资者私人定制的专属投资服务。根据底层配置产品的区域不同，可分为国内和国外两种类型。其海外 RA 组合于 2016 年 5 月 28 日上线，产品沿用海外智能投顾的经典模式，在国内 ETF 产品种类较少的情况下，通过对接美国嘉维证券，直接投资于海外 ETF 构建组合，在资产配置上遵循“跨地域国别、跨资产类别”的原则。同时由于指数基金的费率较普通股票型基金更低，而 ETF 较普通指数基金费率更低，投资时间越长，复利效应带来的收益更高。

国内版本的智能投顾产品于 2017 年 5 月正式上线，底层资产精选 9 只国内公募基金产品，覆盖 A 股、债券、美股、黄金等大类资产，通过资产组合，帮助用户降低风险，提高收益。投米 RA 有一个非常亮眼的特色：实时追踪市场指数获取回报，在初始资产组合遇到风险、偏离目标配置时，能够自动再平衡，智能调仓，降低投资风险。

4. 理财魔方

理财魔方成立于 2014 年 12 月，是以移动客户端为主的智能投顾平台，手机端 App 于 2015 年 3 月上线。理财魔方的核心是通过调查问卷的形式确定客户的风险等级，再使用智能化的算法得出对应的资产配置方案。区别于其他智能投顾产品，理财魔方根据投资者的客观特征的改变，动态修正投资者的风险承受能力，动态匹配最佳投资组合。

目前，理财魔方以“千人千面”和动态调仓功能为重点，为用户提供个性化的配置管理方案以及用户心理的调整与跟踪服务。从组合策略角度来看，理财魔方和摩羯智投都是以用户风险定制化为基准，前者注重基金优选和组合风险控制，而后者加入了投资时限的考虑。

理财魔方的投资组合中信用债和货币都是中低风险产品，通过降低产品组合的整体风险，帮助用户取得更为稳定的收益。黄金和股票类是风险较高的基金产品，负责为用户创造更高收益。从投资大类来说，理财魔方比摩羯智投投资范围更广，包括黄金、利率、房地产等多种投资产品，能够为用户提供更加多样化的投资组合,让用户获得更加安全、稳健的投资组合。

5. 蛋卷基金

蛋卷基金是雪球出品的基金交易应用,通过互联网基金代销全面支持4 500余只公募基金申购和交易,为用户提供更多选择。蛋卷基金是一款主要销售公募基金的理财App,首先对市场上的产品进行精选,主要按照“安睡计划”和“斗牛计划”两个智能投顾类别进行推荐。

蛋卷基金依托雪球强大的客户流量,有四个鲜明的特点:一是透明度高。客户端上有各种策略组合的详细介绍。二是简单易懂,基本上几句话就能够讲明白,例如,二八轮动就是以20日为周期,比较沪深300和中证500指数的涨跌幅,进行追涨杀跌。三是指数为主。策略组合使用的股票型基金基本上都是指数型,交易成本更低,风格更为稳定、可靠。四是社交色彩浓厚。策略基本是先有网上热议,再有线上热销。在客户投资过程中,有线上互动,基本上做到了取之于网友、用之于网友。蛋卷基金整体上采用白盒策略,有清晰的调仓逻辑,信息透明、公开,用户可清楚掌握组合变动情况,类似于购买指数基金的体验。

6.3.2 市场产品业绩对比

为了考察如上所述的智能投顾产品在短期和中期的业绩表现,根据金融界的分析数据,参考智能投顾行业的整体情况,统计了上述五家智能投顾产品2018年9月和2018年以来(截至9月)所有组合的平均收益、回撤数据,如图6—4所示。

1. 产品业绩收益性对比

从单月份看,2018年9月全球股票市场继续向好,其中日经225指数表现强劲,以6.04%的涨幅领涨全球股市;国内A股市场也是一改2017年的“萎靡”态势,上证综指在120月均线处获得支撑,单月反弹3.70%,表现毫

产品名称	当月平均收益率	当月平均最大加撤	今年以来平均收益率	今年以来平均最大回撤	今年以来平均Calmar比率
摩羯智投	0.28%	2.16%	1.25%	7.24%	-0.31
金融界灵犀智投	0.31%	1.12%	2.91%	4.41%	3.29
理财魔方	0.53%	0.49%	1.78%	5.54%	0.89
蛋卷基金	0.91%	1.97%	21%	12.67%	-0.19
上证综指	0.37%	3.59%	1.69%	25.50%	-1.53
投米RA(人民币组合)	0.77%	1.38%	0.19%	7.14%	0.09

数据来源:金融界基金。

图 6—4　2018 年 9 月智投产品业绩展示

不逊色。与之相反,美股市场结束之前的强劲表现,本月小幅收跌,受美股影响,港股本月亦小幅收跌。受美股和港股下跌影响,上述五家智能投顾产品本月上涨幅度相对有限,平均涨幅跑输上证综指。

从单月份 9 月的整体表现来看,在美股和港股收跌拖累下,上述智能投顾产品本月整体涨幅有限,平均不到 1%,其中,蛋卷基金本月表现最为优异,平均收益率为 0.91%,但其平均最大回撤接近 2%;理财魔方本月回撤控制优异,单月平均最大回撤不足 0.5%,同时平均收益率超过 0.5%;金融界灵犀智投本月继续保持其低波动的特征,将回撤控制在较低水平。

自 2018 年以来,全球市场变化多端,阴晴不定,投资者的情绪大多以谨慎为主,国内市场波动更为频繁。在全球市场动荡不休的行情下,上证综指全年下跌 14.69%,上述各家智能投顾产品表现平稳,除蛋卷基金和摩羯智投 2019 年以来平均收益率收跌外,其余各家智能投顾产品均取得正收益率,远远强于大盘。智能投顾产品的配置优势再次凸显,其中,金融界灵犀智投 2019 年以来平均 Calmar 比率高达 3.29,风险调整后收益明显,较上述各家智能投顾产品优势明显;理财魔方凭借本月的优异表现,2019 年以来平均 Calmar 比率逐步好转并逐渐接近 1;蛋卷基金、投米 RA 境内组合和摩羯智投 2019 年以来平均 Calmar 比率均在 0 上下波动。

2. 产品业绩稳定性对比

全球各大权益类市场,尤其是 A 股市场牛短熊长,多数时间处于震荡状态。前面我们已经提到，稳定性是指市场环境不利时，抗风险能力的一贯性，以及市场走势良好时获取收益能力的连续性。因此，如何做到在震荡市能将收益和风险控制在最优的配比水平，即最佳 Calmar 比率，是智能投顾产品稳定性的重要体验。基于此，我们对上述智能投顾产品 2018 年以来每月的收益和回撤指标的波动情况进行考察。

(1)每月的收益情况(见图 6—5)

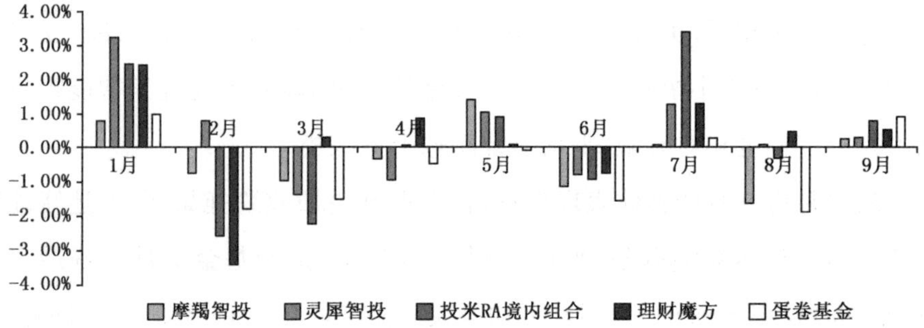

图 6—5　2018 年智能投顾产品月度累计收益率对比

从各月平均累计看，金融界灵犀智投 2018 年以来表现优异，尤其在一季度领涨各家智能投顾产品。进入第二季度，市场风格发生切换，市场整体表现出回暖态势。金融界灵犀智投表现稍不如意，第二季度首月平均收益率出现下滑，随后平均收益率逐步好转，尤其在市场下跌行情下其表现较为优异，在 8 月市场下跌时其逆势而上，为投资者取得不错的收益。

投米 RA 境内组合和理财魔方 2018 年年初表现较为相似，都取得较高的正收益。进入 2 月份，二者表现均不如意，理财魔方甚至在 2 月领跌上述智能投顾产品；进入第二季度后二者均出现一定的好转，由于理财魔方在 3 月份开始便大比例地配置固定收益类资产，以至于其在第二季度表现异常平稳；进入第三季度二者好转力度再次加大，尤其是投米 RA 境内组合第三季度首月表现突出，随后在市场的调整下二者继续保持一定的优势。

蛋卷基金和摩羯智投 2018 年以来表现逊色，二者在第一季度的表现处于上述智能投顾产品中游,随后便转弱。5月,蛋卷基金表现惨淡,是当月唯一一家收益率告负的智能投顾产品,而摩羯智投却领涨上述各家智能投顾产品,但其优势并未延续,二者平均收益率随后均保持在下游水平,直到9月蛋卷基金才表现出好转趋势。

(2)每月的回撤(见图6—6)

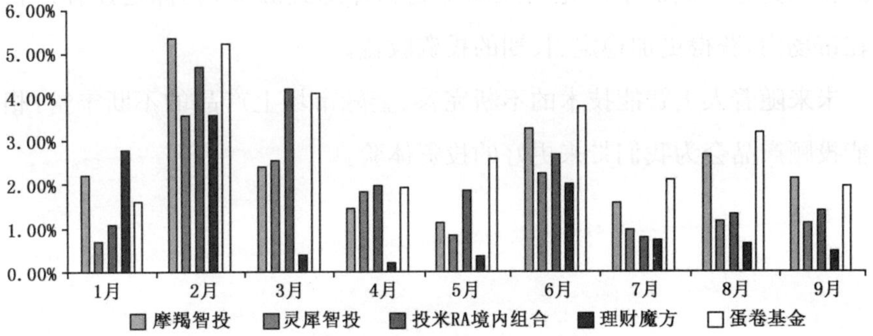

图6—6 2018年智能投顾产品月度最大回撤率对比

从2018年各月平均最大回撤来看,金融界灵犀智投一直保持低回撤平稳的运行特征,截至2018年9月未出现回撤过大的情况,整体运行平稳;理财魔方年初前两月回撤控制相对不足,单月平均最大回撤均"领涨"上述各家智能投顾产品,随后其加大对固定收益类资产的配置力度,将回撤控制在小波动范围,整体运行渐趋平稳。

摩羯智投和蛋卷基金一直保持较大回撤,其中,蛋卷基金各月回撤跌幅均比较大,几乎一直处于5只基金产品的末端,摩羯智投回撤程度较蛋卷基金虽有微幅优势,但其间回撤率较上述各家智能投顾产品依旧过大。

投米RA境内组合年初首月回撤控制相对优异,但随后各月平均最大回撤率均在拉大,进入4月其平均最大回撤率有所降低,第三季度平均最大回撤率进一步缩小,其中2018年7月平均最大回撤率控制在上述各家智能投顾产品的较低水平。

目前,我国的智能投顾行业仍处于初步发展阶段,其中所采用的方法和投资理念仍然有待升级。有的机构简单构建了几个爆款投资组合给客户，实质上这不能称之为真正意义上的智能投顾，这还是传统意义上的产品销售升级。智能投顾要解决的核心是“在传统产品销售模式下，基金很赚钱但客户不赚钱”的难题。客户在投资过程中容易追涨杀跌，非理性进出资金，导致其收益往往为负，不能盈利。智能投顾的核心是通过大数据分析、人工智能技术为客户提供个性化的风险定制和伴随式服务，目标是让客户长期留在市场内，获得更加稳定、长期的投资收益。

未来随着人工智能技术的不断完善、金融市场上产品的不断丰富，相信智能投顾产品会为我们带来更好的投资体验。

第 7 章　互联网保险

随着国民保险意识的不断增强及金融科技的快速发展，互联网保险日益兴起。保险作为一种非常古老的金融业务，在发达市场已经发展多年，现如今越来越多的企业开始关注保险这一稳定提供现金流的金融工具，这也导致整个互联网保险行业愈发热闹，参与群体越来越多样，玩法多种多样。近年来，越来越多的人开始选择通过互联网购买各种保险，如手机碎屏险、航班延误险、电商退货险等各种新奇好玩的保险产品不时展现市场，大大推动了互联网保险市场的发展。

7.1　产品分析

互联网保险，是指保险公司或第三方保险中介以互联网和电子商务技术为工具，实现保险信息咨询、保险计划书设计、投保、交费、核保、承保、保单信息查询、保全变更、续期交费、理赔和给付等保险过程的经营活动。

7.1.1　发展现状

互联网保险是一种新兴的保险经营模式，有别于传统的保险代理人营销模式。与传统保险相比，互联网保险无论从概念、市场还是到经营范围，都有广阔的发展空间。

保险作为传统金融业的重要组成部分，如何在网络化、信息化的背景下融入金融科技的潮流，成为保险行业和学术界研究的热点课题。互联网保险的在线营销及理赔模式使消费者挑选和购买保险变得更加便捷、更加多样，因此受到消费者的热捧，行业迅速兴起。

在“互联网＋”时代，大量的互联网公司及传统保险公司开始投身于互联网保险行业。2013 年众安保险的成立是互联网保险进入市场的标志，从此，互联网保险的发展热潮正式拉开序幕。

互联网保险因其购买便捷、产品丰富等特点，给保险消费者带来便利。我国互联网保险得到快速发展，不仅让保费规模实现大的飞跃，而且让互联网保险牌照成为资本争抢的对象。数据显示，2017 年，互联网保险签单件数 124.91 亿件，增长 102.60％。其中，退货运费险 68.19 亿件，增长 51.91％；保证保险 16.61 亿件，增长 107.45％；意外险 15.92 亿件，增长 539.26％；责任保险 10.32 亿件，增长 438.25％，发展可谓迅速。

从持牌的互联网保险公司来看，其保险业务发展也较好，4 家互联网保险公司共实现保险业务收入 92.47 亿元。依托于互联网保险对部分标准化传统保险的快速替代，以及场景创新型产品带来的增量市场，互联网保险创新业务保持了高速增长。

7.1.2 销售模式

根据当前互联网保险的市场发展和展业模式，现阶段我国互联网保险主要有以下六种典型的销售模式。

1. 官网型模式

“官方网站”一词是网络上对主办者所持有网站约定俗成的一种称谓，它是该网站主办者意志的体现，带有专用的、权威的意思。互联网保险的官方网站模式指的是保险企业通过自建官网，来展现自身品牌、展示保险产品信息、销售保险产品、提供在线咨询和服务。多数有实力的保险企业，如中国人保、中国人寿、平安保险等大公司，都已经选择此种模式，开展互联网保险业务。此模式的特点是重视品牌效应和宣传，可以为具有品牌忠诚度的客户提供网上购买的渠道，对产品的介绍比较专业、详细和集中，用户可以较方便地选择到自己需要的产品。

官方网站模式有利于保险企业的自身品牌的建设和推广，有利于在社会公众面前树立良好的公司形象，有利于降低对第三方网络平台的依赖。但这种模式也有其弊端：首先，要使官方网站不仅具有展现自身品牌、展示保险产品信息的功能，还具有销售保险产品、提供在线咨询和服务的功能，需要对保险公司传统的运营体系和流程进行变革和创新，构建一套基于互联网的运营体系。建立和使用互联网快速、便捷、安全的线上管理信息系统、客户关系管理系统、企业资源计划系统等，需要大量的系统改造工作。其次，由于保险是一种“非渴求型”商品，加之受传统文化的影响，我国大部分居民缺少主动购买保险的习惯，这使得主动访问官网的客户较少，而电子商务网站的流量是至关重要的前提条件，为了获得较多的流量，前期需要在线下传统媒体、线上百度、谷歌等搜索引擎或者大的门户网站投入巨资做广告，把客户吸引到官网来，这需要一笔极大的营销推广费用。最后，官网毕竟只是提供本公司自身的产品供用户选择，客户的产品选择范围相对较小，不便于用户进行横向比较。

2. 专业型模式

专业互联网保险，是指由保险企业、互联网企业或其他主体通过专门设立专业的互联网保险类型的企业来经营互联网保险业务。2000 年 7 月，泰康在线诞生，标志着专业互联网保险企业模式正式在保险行业生根发芽。在此之后，中国平安、太平洋保险、新华人寿、太平人寿和中国人寿等保险巨头纷纷成立独立的保险电子商务公司来经营互联网保险业务。2013 年 10

月，众安保险成立，并通过“众安在线”开展专业的网络保险业务。

虽然专业互联网保险公司模式已得到社会的广泛关注，但由于需要监管备案等原因，目前还是以传统保险为主，受限于公司规模、机构落地服务能力等条件的限制，受众面较窄，线上成交的保费规模还比较少，运营模式也都在不断地探索和尝试之中。

3. 第三方平台模式

第三方电子商务平台模式，是指保险公司借助独立的电商平台、互联网理财平台等来销售保险产品，并为用户提供相关服务。比较具有代表性的有阿里巴巴旗下的天猫商城，目前已有多家保险企业进驻天猫平台开设旗舰店，集中售卖自己的保险产品。京东商城等大型电子商务网站也开始售卖保险产品，不仅电子商务网站，和讯、新浪、搜狐等以内容服务为主的综合类门户网站也开始试水在网上直接售卖金融产品。

电商渠道的特点是流量大、用户多、产品全、信息透明、便于比较，易于支付购买，用户可以像购买普通商品那样随时与店家沟通，购买体验较好。此种形式的保险销售与目前互联网行业中多数生活服务领域的业务相似，为大众所普遍接受。但在目前的商业合作模式下，后续及落地服务是制约电商渠道发展的主要“瓶颈”，电商与保险企业在合作过程中如何进一步优化服务流程，打消消费者的购买顾虑，是需要着重考虑的问题。

4. 专业中介代理模式

专业中介代理模式是由保险代理或经纪公司建立网络销售平台，代理销售多家保险企业的保险产品，并提供相关的服务，客户可以通过该网络平台在线了解、对比、咨询、投保、理赔等。目前，我国比较有代表性的有中民保险网、优保网、慧择网等。

这种模式类似于保险超市，也可以提供多家保险企业的产品和服务，所以一般来说这种平台保险品种丰富，产品对比和筛选起来比较方便，咨询也更为便捷，用户在这里可以得到全面的一站式在线服务，相对而言，专业化程度较高。但目前专业中介机构自身发展尚未形成规模，品牌影响力弱，信任度弱，还不能为广大消费者所普遍接受，主动寻找专业中介机构网站购买保险的欲望不高，因此受众面较窄。

5. 网络兼业代理模式

网络兼业代理模式是指银行、航空、旅游等非保险企业通过自己的官网等渠道代理保险企业保险产品，切入自身业务场景，为用户提供相关的消费场景及服务。

兼业代理机构所销售的保险产品种类一般都与其主业有一定的关系。比如，乘坐飞机有航班延误风险，因此航空公司可以代理销售航空意外险；银行客户有投资理财的需求，银行可以代理一些投连险等保险产品。兼业代理机构销售保险产品，一方面可以为客户提供更好的增值服务，另一方面也可以获取一定的利润。但由于兼业代理机构以自己的主业为主，保险产品种类单一，对保险销售也不会投入较大的财力和人力，因此客户体验可能不佳。

6. 移动互联网销售模式

移动互联网销售模式是指保险企业通过用户的智能手机和平板电脑等移动终端销售保险产品和提供相关的服务。当下，移动互联网产业正处于高速发展阶段，给保险行业带来了无尽的商机。目前，以国华人寿为代表的众多保险企业已经在移动应用上推出微信商城，可以通过微信平台实现产品展示、投保、支付、在线客服、查询等功能。相对于传统的销售渠道，移动互联网保险具有便捷、时间碎片化、用户体验优等特点，在产品研发上会更加贴近客户的需求，凸显个性化特色。

7.1.3 运营模式

在传统保险业增长已到瓶颈，传统渠道已经很难带来增量时，互联网为保险行业带来了新的思路，但是谁能把互联网保险玩转，就要看谁的运营模式更加先进。

1. 场景化营销

当今说到互联网保险，就有一个很时髦的词不得不提：场景化。在渠道为王、流量为王之后，我们又听到了场景为王，似乎只要契合场景，人们就会买单。但实际上，场景化不是万能的，人们之所以愿意买单，还是因为场景真正贴合了用户的需求。买保险自身就是一个低频非刚需的，绝大多数人根本意识不到自己需要买保险。一旦切入场景化，为用户做好配套服务，销售保险就更加容易了。例如，携程去哪儿在销售机票的同时为客户推荐航意险、旅意险等，就获得了巨大的成功。根据 2019 年 2 月携程旅行网与去哪儿网在北京举行了保险战略平台启动仪式，会上公布了携程与去哪儿二者的保费收入之和约 50 亿元，远高于一些中小型保险公司。不考虑强卖保险的前提下，携程确实是场景化的绝佳案例，然而除了航意险、旅意险等，其他哪些保险、哪些场景能让用户觉得自己迫切需要购买保险呢？

真实的消费场景不是生造出来的，而是根据用户的特点发掘出来的，场景就在那里，看你能不能发现。比如，手机厂商的手机碎屏险、快递保值保险等，都是很成功的案例。这些案例围绕实际情况展开，又切实满足了用户的需求，所以用户才能变被动为主动，并最终转化为消费。

有时没有实际的业务场景，互联网保险公司甚至可以创造一个消费场景。例如，大象保险里曾经推出了一个名为“本周星座小黑×”的系列，大体是通过星座占卜预测哪个星座本周运势不佳，然后据此推荐一款保险产品给相关客户。这个看上去很符合互联网用户的营销风格，虽然场景是生造的，但非常有趣。

2. 跨界和变现

互联网的多元性使不同的行业、不同的领域可以联结起来，所以我们可以看到各种"＋保险"。比如，汽车、地图类 App 开始卖车险，健康医疗类 App 开始卖重疾险、寿险，还有我们经常看到的 OTA 们卖的航空延误险、航意险等，这些是不同行业与保险融合的新产物，是行业跨界产生的创新。

确实，App 本就是为了满足用户需求而开发出来的产品，本身自带场景属性，只是该场景与保险的契合度高低不同罢了。互联网＋保险，各类应用为保险提供了场景，保险为许多应用提供了除广告之外的一种流量变现的模式，可谓是双赢。同时这也是互联网保险对传统保险行业的一个促进。众所周知，传统保险都是电话销售或者中介反复推销而购买，这也是人们反感保险的一大因素。但现在保险以某一个场景需求融入人们的生活，满足多层次的需求，极大地提升用户的主观能动性，变被动为主动，对培养人们的保险意识也是一个促进。

发现场景并且契合场景的保险产品，才是跨界成功的前提。据我所知，曾有一款美食类的应用推出一款"吃饭等位险"，大致意思是用户去店里用餐，若是需要排队，领号等待超过一定的数字便可获赔。这个场景虽然很有趣，但是却没有相应的产品与之搭配，也就无从验证是否能成为一个成功的场景化营销案例。

3. 传播和爆款

当前社会，互联网传播信息的便利性将人们连接得更紧密，发达的社交媒体更是可以极大地影响用户的思想甚至行为，有时候一条微博就能让某一件商品成为爆款。那么保险产品成为爆款的可能性有多大呢？

举个例子：以前人们买车险大多是电话销售的模式，车主想要货比三家，是一件很费时费力的麻烦事儿。但是现在，互联网车险集成了多家保险公司的报价，货比三家不过是一屏显示还是两屏显示的事儿。我觉得这个车险很好，便分享到朋友圈，开始传播。我的朋友们也觉得好，比电话销售获取的信息清晰、明确得多，于是他们也买了，也转发推荐给身边的朋友。如果一个保险能不断如此传播，能否形成爆款？

互联网保险中有不少创新性的保险品种，如手机碎屏险、熊孩子险等，都让人眼前一亮，觉得非常新颖、有趣。但是仅仅形成舆论热点，若是没有销量，说是爆款还言之过早，因为仅是有趣而没有贴合用户的实际需求的话，并不会让人们觉得有必要购买这款保险。

互联网保险产品爆款的另一种思路就是搭上其他已经爆款产品的顺风车，将该保险产品与已有爆款产品合作。以前段时间火爆的摩拜单车为例，作为公司资产的单车会被损坏、会丢失，那么需不需要投保？用户若是在租车期间发生意外，摩拜有多大责任？那么有没有必要给租车者买个意外险？是不是就可以通过火爆的摩拜，引爆一个互联网保险呢？

7.1.4　市场玩家种类

根据市场中互联网保险参与主体的不同，互联网保险分为新型的互联网保险与传统保险公司互联网化两大类。新型的互联网保险公司开发推广的保险产品，其互联网属性都很强，大多依靠互联网获取流量、销售保险甚至保险理赔等，整体的核心运营流程、保险后续的服务环节都应用互联网思维，形象的说法就是他们的"根"在线上。不仅新型的互联网保险公司，传统保险公司也在积极尝试互联网化，譬如一些典型的互联网用户运营手法、应用互联网技术手段优化服务流程，通过与电商渠道合作给销售队伍更多的线上营销工具等，最大限度地利用互联网改造传统保险业务的经营模式。

1. 新型的互联网保险公司

所谓新型的互联网保险是指这类公司的主要收入来源都是来自互联网，或者说核心交易环节在线上。

新型的互联网保险，根据平台定位的不同，又可分为平台型、工具型、场景型/垂直型、公司型、创新型五大类型的互联网保险公司。

(1)平台型

平台型很容易理解,一句话概括就是“保险界的淘宝”,通过保险中介类牌照与各大保险公司合作,代销保险产品,赚取佣金。平台型多数遵循一样的核心商业模式:与各大保险公司建立合作、洽谈保险产品、利用互联网平台卖给用户、赚取保险代销佣金、保险公司理赔。

目前来看,平台型的互联网保险公司在销售保险赚取佣金这一环节几乎一致,它们主要的差异集中在前两个环节,譬如以前是各大保险公司利用互联网平台销售标准化产品,现在市场上又出现 C2B 的反向定制产品,保险公司根据大量的互联网用户的个性化需求针对特定用户实现只有针对性的开发;有些保险公司还会设立保险顾问队伍,做强服务,促进销售。针对保险服务客户的不同,我们这里分别举例两个产品:慧择、聚米。

慧择保险网是经原保监会(现银保监会)批准的、最早一批获得保险网销资格的互联网保险服务平台,主要针对 C 端,为用户提供保险资讯、保险咨询、风险评估、保险方案定制、在线投保、智能核保、保单保全、协助理赔等一站式保险服务。而聚米是慧择旗下的高端品牌,针对保险代理员专为高端客户打造的升级版家庭保险服务平台,专注于为家庭客户提供极致的“保险产品＋上门服务”体验,同样也是覆盖全险种商品。

(2)工具型

工具型的互联网保险公司,主要服务的群体大部分是针对保险代理人,为保险代理人展业提供专业化服务的,如保险师。常规个人用户买保险也很难用到专业化工具,但保险代理人就截然相反。传统的保险销售主要分为三个阶段:破冰－促成－售后,目前市场上已经有许多工具可以帮助到他们,譬如,微信端的营销辅助、商品亮点介绍的工具、销售技巧的提升、客户管理等。

工具型的互联网保险公司,同样是靠保险中介类牌照,利用互联网平台,通过工具拉新,形成客户留存,通过运营转化交易,促成用户成交。可以看到，工具型的互联网保险公司在以工具切入交易之后，也逐渐有了平台型的样子，同时开展平台型运营的保险销售，且以平台型互联网保险，也可以补充工具板块，可见针对这个群体的竞争已进入到一个新阶段，产品日益趋同，平台型和工具型将逐步融合。

(3)场景型/垂直型

当你对比平台型的互联网保险和场景型的互联网保险网站，你会发现它们之间有蛮大的差别，虽然本质上都是互联网电商，都是通过保险中介类牌照在运营，但场景型的网站会以某些非常细分的场景来进行导购，同时不同于平台型商品类别覆盖全面的特点，场景型只会配合自身的业务场景推出少量的保险产品。

场景型的核心逻辑是不断寻找零散的、个性化的市场，通过与保险公司合作，打造匹配场景的保险产品，从而增加保费；而垂直型就是完全做一个单独险种，垂直行业打通，做到最好。

在场景型的思路下，保险定制也成为其必然会提供的一种服务，核心服务对象应该就是企业用户，例如，保准牛就是一个典型案例。保准牛依托互联网技术、人工智能、大数据和云计算能力，打造了智能保险支持平台，通过深入特定场景获取行业内的海量数据，实时动态优化精算模型，形成动态迭代反馈闭环，为不断涌现的新兴场景定制模型，助力传统保险公司精确对接用户并提供定制化保险产品。

(4)公司型

在众多的互联网保险玩家中，一类非常高大上的公司，拥有的不是简单的保险中介类牌照，而是保监会新发放的互联网保险牌照。它不仅有保险销售的功能，还能向全社会发行保险产品。截至目前，市场上有众安保险、泰康在线、易安保险和安心保险 4 家拿到互联网保险牌照。这里我们简单介绍众安保险。

众安在线财产保险股份有限公司，简称众安保险，是国内首家持牌的互联网保险公司，由蚂蚁金服、腾讯、中国平安等国内知名企业联合发起，基于保障和促进整个互联网生态发展的初衷发起设立，并于 2013 年 9 月 29 日获中国保监会同意开业批复。2017 年 9 月在中国香港上市，上市即被热捧，原因之一就是其拥有牌照的稀缺性。

还有一类比较特殊的保险公司，虽然是传统的保险牌照，但是其主要业务是在线上运营，保费业务也主要来自互联网，例如，弘康人寿。之所以会把弘康人寿放在线上这一大类，是因为它和传统持牌的保险显得与众不同，其互联网基因更强。目前，弘康人寿的保费来源大部分都是来自互联网端，其线下并没有大量的销售队伍、分支机构等。

虽然众安和弘康持有的牌照不同，但两家公司的核心逻辑十分相似，它们都是自行开发保险产品，通过自营或者第三方的互联网渠道贩卖商品，获得保费收入。

随着保险业的不断开放、互联网技术的不断渗透，未来传统的保险牌照与互联网结合有很大的发展空间。

(5)创新型

由于保险产品的开发、备案相对复杂，需要大量的审批报备，市场上又确实存在着刚性的保险需求，因此，创新型的保险公司应运而生。最近两年新兴起的互助保险，就是一个创新，例如水滴互助。互助保险的大概流程是：通过网络众筹的方式，吸引大量的互联网用户参与投保，形成保费资金池。一旦当投保用户出险时，从中提取资金给予患者，进行理赔，当资金池有缺口时，发起充值通知或者拉新来补充资金。

这种互保产品是互联网保险的创新。首先，这种平台的运营模式吸引用户的资金，为用户提供风险保障服务，因此最近水滴互助会收购保多多以获得保险业务的相关牌照。其次，从产品实质或者从用户场景的角度看，水滴互助和保险的核心并没有质的差别。所以从监管和场景的角度看，互助性产品理应放到互联网保险行业。最后，互助保险需要庞大的用户基数，才能降低单个用户的保费支出，才能相互保障，同时需要公信力极强、管理规范的平台运营，及时做好信息披露，才能得以良性运转。

2. 传统保险公司网络化

目前，尽管传统的保险公司如中国人寿、太平洋、平安保险等大型公司大部分业绩来源都是源自线下，包括庞大的销售队伍、线下的销售渠道（银行、4S 店等）、分支机构等，但大型保险公司也仍在积极应用互联网技术开展保险电商超市、移动 App 等做互联网化的尝试，为互联网保险行业带来更大的推动力量。

按照目前保险牌照类型可分为传统保险公司和传统保险中介类公司两大类。

(1)传统保险公司

传统的保险公司大家都耳熟能详了，除人保、太平、平安之外，绝大部分保险公司发展的路径都差不多：不断设置分支机构、开发商品、扩大/补充销售队伍、获得保费收入、运作资金投资以及依靠保险费率的死差获得收益。

在传统的玩家中，平安和泰康的互联网思维比较强大，做了大量的互联网化尝试，因为它们其实代表了传统保险公司尝试互联网化的典型做法。

先说平安，它比较早地就意识到互联网板块的重要性，譬如通过内部政策，要求自家业务员将客户引流到“平安金管家 App”，希望利用其金融牌照的优势，最大限度地挖掘客户价值，这已经是传统保险公司中难得的比较接近互联网的做法。

除了在用户运营上采取常见的互联网运营思路，平安越来越多地通过技术手段去优化服务环节，譬如 AI 客服、在车险理赔中通过图像识别快速定损等，都是互联网技术在保险行业中的积极探索。

我们再看一下泰康。泰康人寿早在 2011～2012 年就开始尝试互联网化营销，后面索性单独成立了一个泰康在线，成为上面提及的 4 家持有互联网保险牌照的公司之一，专注互联网保险，采取的做法和上述的众安、弘康相似。

尽管平安和泰康在互联网化上都在不断尝试，但它们的保费或者客户占比仍然是以线下为主,所以还是很难将其划分到线上类型。

不仅仅是平安和泰康,其实大部分的传统保险公司都已经逐渐提供了网上投保,为自身的销售员提供了一些辅助工具,也在积极和电商渠道进行合作。但目前看来,和平安、泰康一样,互联网线上渠道的贡献对于这些公司而言占比实在太低,很难将这些公司归入到线上类型。

(2)传统保险中介类公司

对于大部分的保险中介公司而言,大体的商业模式是:采取会员制或员工制,建立庞大的线下销售队伍,然后与各大保险公司洽谈保险产品,销售保险产品,赚取佣金差价。

这类公司大量的业绩来源还是来自线下,虽然它们也有在尝试互联网化。目前,我们以国内大型的保险中介公司——泛华为例,根据其2019年第二季度的财报展示,泛华已经开展了四大块互联网保险业务,分别是懒掌柜(原“掌中保寿险通”)、掌中保移动App、泛华自主研发的移动展业工具 、e互助 — 网络互助平台、保网。截至2019年第二季度末,销售网络覆盖21个省、市、自治区,销售网点733个,公估服务网络覆盖31个省、市、自治区,服务网点144个,仍然有大量的业务人员在用传统方式销售保险。

3. 总结

虽然互联网保险分为新型的互联网保险公司和传统的保险公司网络化,但是由于都在积极地与互联网融合,因此其两者之间的边界并不十分清楚。

除了传统保险公司在做出互联网化的努力外,线上的产品其实有下沉的趋势,一个是与线下渠道谈合作,另一个是开设分支机构,做好区域内的服务和推广。同时保险领域中所涉及的平台、工具、场景等都在相互融合,平台型补工具,工具型补平台,场景型补工具等。随着市场竞争的不断加剧,线上部分脱颖而出的保险产品将会高度同质化。

本文中涉及的互联网保险公司的种类见表7—1。

表 7—1　　互联网保险公司类型

<table>
<tr><td rowspan="3">持有牌照</td><td colspan="2">保险牌照</td></tr>
<tr><td colspan="2">互联网保险牌照</td></tr>
<tr><td colspan="2">保险中介类牌照(保险经纪、保险代理)</td></tr>
<tr><td rowspan="3">针对用户</td><td colspan="2">普通保险消费者</td></tr>
<tr><td colspan="2">保险销售员</td></tr>
<tr><td colspan="2">企业</td></tr>
<tr><td rowspan="6">主要业绩依靠渠道与切入方式</td><td rowspan="5">线上</td><td>平台型</td></tr>
<tr><td>工具型</td></tr>
<tr><td>场景型/垂直型</td></tr>
<tr><td>公司型</td></tr>
<tr><td>创新(互助)型</td></tr>
<tr><td>线下</td><td>销售员/自有员工/银行/……</td></tr>
</table>

由于市场一直在创新不断,可能有些保险产品类型上文没有提及,譬如最近传出的几家快递公司要联合成立保险公司等,但其实大部分进入该行业的玩家,都可以按照上面提及的维度来进行剖析。例如,腾讯旗下的微保,也可以用此思路进行分析。

微保(WeSure)是腾讯首家控股的保险平台。微保将携手国内知名保险公司为用户提供优质的保险服务,让用户可以在微信与 QQ 这两个国民级的生活服务平台上进行保险购买、查询以及理赔,让保险触手可及。微保承载腾讯平台的连接与大数据能力,为用户从众多保险产品中严选出性价比高的保险产品,并提供微保独家的优惠与增值服务。此外,微保将结合腾讯不同的场景,让保险变得更加简单、时尚、好玩,让用户在有需要的时候接触到适合它的保障。从这个角度看,微保通过保险代理牌照,依托腾讯生态打造的平台型互联网保险平台，为中国广大的个人客户提供互联网保险服务。

7.1.5 互联网保险优势

互联网保险以其公开、透明、平等、便捷等优点，以及更低的成本和更高的效率等运营优势，促成保险的销售、投保及理赔等，成为保险行业未来发展的大趋势。互联网保险借助于人工智能、大数据、区块链等技术，为用户提供了大量、优质的保险产品，不仅投保更方便，而且性价比更高，为投保人提供了很多的便利，获得社会各界的高度关注。其中，互联网保险的核心业务是“保险”，互联网是技术和手段。

当前，各大保险公司都在积极探索各种互联网技术包括区块链、人工智能、大数据等新型技术，来提升保险行业的经营效率，尽可能去掉保险代理的中间环节，降低保险行业的成本。新型技术的运用推动各类互联网保险公司逐步向更加智能、更加高效的技术密集型模式转变，给整个保险行业带来用户体验、消费场景、产品形态和保险营销四大维度的颠覆。

第一，互联网保险比传统保险拥有更好的用户体验。传统的保险产品条款多、操作复杂，对于大多用户而言难以搞明白。传统保险的销售很多时候需要保险代理人与客户的反复沟通，引导用户下单购买，导致很多客户在购买保险后时常感觉后悔甚至感觉被欺骗。互联网保险公司通过互联网展示和推广保险产品、保险条款、保障期限、投保年龄等，简单、精要、公开、透明，易于阅读，所有用户都可以直接查看到，便于用户选择投保。互联网保险，通过互联网平台，为用户提供全天候随时随地的服务。无论是保险品种的选择、保险的缴费、投保甚至是理赔都可以在线上完成，更加方便、更加快捷，用户体验更好。

第二，互联网保险为用户提供了场景化的消费。相对于传统保险来说，互联网保险最亮眼的点无疑是场景化消费，更贴近用户的日常生活，其中，区块链和人工智能技术等则是实现这一职能的关键载体。一方面，区块链技术提供信息公开、透明、可追溯的特点，满足了消费者的知情权和选择权，解决了保险条款公开可回查的问题；另一方面，人工智能通过深度学习等为用户推荐更加精准化的保险产品，能丰富消费者的产品体验，刺激用户的深层保险需求，由此一来，今后的互联网保险势必往新技术驱动型靠拢。

第三，互联网保险为用户提供了更多样、更细分的产品。互联网保险利用大数据、人工智能等技术，让保险公司能更好地了解用户需求，为用户提供更加多样化的保险产品。随着消费场景的不断切入，保险产品将逐步走向细分化，例如，人群、险种、投保时间等保险要素都将不断被细分，因此以往低频、大额、高门槛的传统保险产品将会转变为高频、小额、有趣的互联网保险产品。

第四，在保险的营销上，云计算、大数据等新技术可以通过分析用户长期大量的行为轨迹，结合用户大数据，还原用户的社会背景、财富结构、消费习惯等特征，用以指导和驱动保险产品研发和营销，通过互联网技术，将合适的产品销售给有真实需求的客户，改变传统模式下保险推销导致的扰民、误导等问题，实现精准营销。精准化的营销，也帮助保险产品获得更大的销售规模。

由于互联网保险通过互联网平台可快速汇聚海量会员、大幅度降低保险的营销成本、满足市场多元化的保险需求，从而表现出独特的发展活力和竞争优势，可以预见，未来随着互联网保险玩家的不断增多，人工智能、区块链等技术的不断渗透，互联网保险将提供更专业化、差异化、特色化、多元化的保险产品和服务。

7.2　风险提示

互联网保险无疑是金融科技领域最亮丽的风景之一。据艾瑞咨询发布的《2019 年中国互联网保险行业研究报告》显示，2018 年中国互联网保险市场保费收入有望达到 1 889 亿元。如此巨大的增量市场，也吸引来越来越多的互联网公司加入其中，截至 2018 年底，经营互联网保险业务的企业已超过

100 家，各种保险产品创新层出不穷。在行业缺乏监管、同质化竞争激烈的情况下，行业也开始出现鱼龙混杂、良莠不齐的情况，多家机构“无证驾驶”多年，游走在监管边缘。

7.2.1　面临的风险

尽管近两年来国家针对保险行业已经出台了很多相关的利好政策，互联网保险伴随着移动互联网的快速发展，已经取得了很大的市场发展，但由于互联网保险尚处于发展初级阶段，相关法律制度仍不成熟，互联网保险在实际运营过程中仍然面临诸多不确定性因素。

1. 相关配套法律尚待完善

虽说国内监管部门对新型的互联网保险一直都持看好和支持态度，也出台了一系列相关的文件规范推动行业的发展，但互联网保险尚不成熟。仅涉及保险的产品设计、保险理赔等相关法律制度还远远不够，互联网保险的发展还需要保险法、税法、公平交易法及财务制度等法律和制度的规范。

目前，互联网保险通过互联网、移动互联网等技术为客户提供产品推介、投保、理赔等交易的过程中仍存在诸多违规行为。相比传统的保险营销，互联网传播更快、覆盖的群体更广，因此网络营销监管等更为困难。在互联网保险市场中，不时有市场人员通过互联网编造虚假的保险项目，试图通过承诺高额的回报方式，吸引社会公众出资加盟，涉嫌严重误导社会公众，非法吸储，扰乱正常的金融秩序。与此同时，我国仍然缺乏与网络消费者权益保护相关的法律法规。现阶段规范和约束互联网保险企业的主要法律仍为 1995 年颁布的《中华人民共和国保险法》。这部法律主要是针对传统的线下保险业务，已经不能适应网络化的互联网保险的发展。2011 年以后，保险协会虽然相继出台了一系列针对互联网保险的法律法规，但是这些规章制度普遍缺乏权威性，且落地实际操作性差。此外，近年来，我国信息技术和互联网技术的发展速度过于迅猛，市场变化飞快，已远远超过了我国相关法律制度建设的速度,使得网络保险交易过程中容易出现漏洞。

2. 过度竞争,产品同质化严重

目前,我国互联网保险的业务模式和电商类似,除了四家持牌的互联网保险外,更多的是在传统保险销售渠道的基础上增添了互联网渠道,更多的是销售模式的优化和创新,没有改变保险核心的运营模式,因此各家平台产品同质化严重,竞争激励。

目前,我国的互联网保险产品多以交通工具意外险和旅游意外险等短期意外险为主。这两类保险的保费额度超过整个互联网保险产品保费规模的 3/4,各保险机构在互联网端推出的这两类产品也并无明显差别,同质化现象较为严重。虽然有少许创新型的产品,但总体上保险产品创新不足和同质化严重使得大量的互联网保险产品缺乏竞争力,其营销过程变成野蛮式的推送营销,和线下销售本质上差别不大。互联网保险市场也呈现出结构单一、产品缺乏创新的特征,我国互联网保险行业的创新迫在眉睫。

3. 信用体系亟待完善

互联网保险能够发展和壮大的前提是建立一整套完善的信用体系。长期以来,我国广大劳动群众由于现代信用理念的缺失,导致我国缺乏相关的法律基础。与此同时,我国的信用机构并没有统一的标准,信用市场缺少统一规范和有效管理,导致出现不正当竞争现象,这损害了公民的个人权益,使公民对于公共信用体系的建设在一定程度上有所抵制。相关法律体系的缺失使得违法成本过低,无法形成有效威慑,致使市场信用体系建设更加困难。市场的不成熟还导致难以吸引优秀人才,进一步使行业发展缓慢。

随着理财保险新规的落地、国家监管政策的收紧,保险行业不断规范,一些流量平台和中小保险公司的优势逐步减弱。由于传统的大型保险公司手中拥有大量的资源和牌照,且运营规范,它们已经发行的产品具有长期性、客户依赖性等优势,较少面临来自市场外部力量的冲击。保持稳定的发展，传统保险嫁接互联网后很有可能重新掌握主动权。传统大型保险公司虽然面临保险行业过于保守，但互联网保险“倒逼式”的改革亦击中了它们的痛点，人工智能、大数据等技术对传统保险行业业态的重塑力量不可否认，在初步重塑保险行业的产业链生态的过程中，大型传统保险公司改革的速度随着外部和内部环境的共促反而变得更快。一旦跟上了改革的步伐，在新技术的推动下，传统保险公司嫁接互联网之后有望迈上新台阶。

7.2.2　发展建议

虽然我国互联网保险行业的未来进一步发展仍然面临诸多挑战，但在“互联网＋”的大趋势下，传统保险行业的互联网化是势不可挡的。监管层也在积极研究互联网保险行业的发展，通过前瞻化的监管思路和严厉的监管力度促进互联网保险行业的健康发展，保险机构应通过对保险产品和服务的不断创新来满足消费者日益增长的需求。

1. 完善相关监管制度和法律法规建设

互联网保险作为基于“互联网＋保险”新型业务模式，互联网技术和大数据技术的飞速进步带动了其快速发展，但技术进步从来都是一把双刃剑，技术发展的过快速度，导致现有监管制度滞后和对其监管的不到位。互联网保险行业也曾出现了非法集资、投保人的骗保行为、保险代理的虚假宣传和保险机构的服务器被黑等问题。监管部门应切实加强监管，建立健全相关规章制度。

第一，进一步完善行业法律法规。我国现有《保险法》中缺少关于互联网保险的详细规定，可通过补充有关互联网保险的具体条例来填补目前的法律空白；还应健全网络信息安全及与第三方支付相关的规章制度，以应对可能的由科技进步带来的风险。第二，建立灵活、审慎的市场准入机制。作为保险行业一种全新的商业模式，互联网保险的进一步发展仍面临诸多不确定因素，因此需根据市场变化，建立灵活、审慎的市场准入制度，一方面，响应国家政策和顺应发展趋势，对于互联网保险行业的发展给予足够的鼓励和支持；另一方面，还应建立较高的准入门槛，把一些运营不规范、规模较小、抗风险能力较弱的小机构直接排除。互联网保险机构除须拿到相关的保险牌照外，还必须具备开展互联网业务、抵御与互联网风险相关的硬件和软件条件。对于互联网保险机构开展的新业务、新产品，只要不违反有关的法律法规，政府应对其持有宽容的态度。第三，进一步加强互联网消费者权益保护。通过出台针对电商的消费者权益保护法，对行业进行进一步的规范，理清责任主体，使消费者在线消费的权益有所保障，进一步促进整个互联网金融的健康有序发展。

2. 进一步推进信用体系建设

对于保险行业来说，保险公司是通过概率测算、经营风险盈利，并给消费者提供保障。信用是风险测度过程中非常核心的重要因素。保险业未来发展的方向就是根据个人的信用记录，通过大数据分析可以快速地评估其风险级别，并制定出相应的保险产品价格。因此，完善的征信体系和公正、权威的第三方评级机构对于保险行业，尤其是利用互联网来开展业务的互联网保险的发展至关重要。目前，我国的信用体系并不完善，要推动互联网保险的稳健发展，进一步加强我国的信用体系建设，培育壮大信用市场，可从以下几方面入手：

第一，建立健全与信用相关的法律制度。当前我国没有单独的针对信用的规章制度，涉及社会信用的法律也较少，要建立起涉及经济、生活等方面完善的信用社会，首要任务就是要建立完善的法律体系作为制度保障，在此基础上还应建立严厉的失信惩处机制并严格执行，通过法律威慑提高失信成本。第二，多方联合，培育、发展信用市场。目前，我国市场中的信用产品较少，已不能满足消费者的需求。政府应牵头和有关的大型企业联合开发和培育信用市场。政府用自身信用为符合标准的企业背书，企业提高信用产品的创新和开发力度，逐步壮大信用市场。第三，还应通过建立完整的公共信息服务体系,作为对征信体系的补充和数据来源。加强与交通、医疗、金融、社会服务、电子商务等机构和企业的合作,一方面,可以通过获取这些机构的数据来完善信用数据库,使数据库除了消费者的金融信用信息外,还拥有全方位的信用信息;另一方面,通过把信用信息分享给这些机构和企业,使它们的工作效率提高,风险进一步降低,实现双赢。

3. 加大在线保险服务产品的创新力度

互联网保险的在线销售模式,能够给互联网保险公司提供更多的数据,大数据技术可以通过消费者的历史浏览记录、每个产品的停留时间等信息进行深度挖掘,找出消费者的真实需求,根据消费者的需求进行个性化的产品创新,减少保险产品的同质化。多样化的保险产品和服务能进一步提高保险机构的竞争力,也能促进整个行业的健康、持续发展。

第一,加大储蓄型保险产品的开发力度。中国保险行业协会发布的 2016 年互联网保险行业发展报告显示,我国的互联网保险消费人群中,20～40 岁年龄段的人群比重最高,他们最感兴趣的产品是集保障和理财于一体的储蓄型产品。互联网保险机构应从这部分消费者的需求出发,加大相关产品的开发力度。

第二,加大精细保险品种的开发力度。个性化的产品是保险机构从残酷的市场竞争中胜出的关键,互联网保险机构可通过与搜索类互联网企业、在线电商企业和即时通信类互联网企业共享信息,获取更多的消费者偏好信息,基于大数据系统及精算、风控模型对单一的保险产品和服务进行进一步拆分,根据不同消费者的偏好提供差异化产品,为消费者提供更佳的用户体验。

第三,加强与新媒体新渠道的合作。互联网保险机构进一步加强和微信、微博及电商平台的合作,通过数据共享嵌入互联网场景,为用户提供切合消费场景的保险产品创新。

随着移动互联网的快速渗透、居民保险意识的不断增强,未来互联网保险仍将有巨大的发展空间。在如此快速增长的增量市场中,也会有越来越多的互联网公司纷纷加入其中,市场将更加繁荣多样。互联网保险拥有操作简单、产品性价比高、切合特定场景等优点,有一些传统保险渠道无法买到的保险产品,比如手机碎屏险、航空延误险等,很多时候是我们日常生活的唯一选择。互联网保险领域存在很多优秀的产品,值得我们高度关注。

7.3 投资机会

现在几乎各大金融科技平台通过互联网移动提供保险销售的渠道,通过手机 App 为普通用户提供意外伤害、交通出行、万能险等一些性价比极高的保险产品,同时利用手机 App 即可一键购买,极大地方便了互联网用户投保理赔等繁琐工作,提高了用户体验。

7.3.1 保险投资原则

面对目前市场上出现的如此繁多的保险产品,各类保险产品琳琅满目,很多人在面对选择时都会产生困惑:我到底该买哪种保险呢?其实保险作为一种兼有保障和投资的金融产品,在选择过程中有其自身固有的原则。

1. 保险要先满足保障需求,然后再考虑投资需求

目前市面上存在的很多保险产品,尤其是互联网保险产品同质化更加严重,有消费型保险、返还型保险、投资型保险等。更多的人倾向于高收益、高回报的投资型保险。其实这存在着一个误区,我们买保险的首要目的是为了给自己多一份保障。消费型保险例如意外险和健康险等,主要是保障人们的身体健康,保费是不予退还的,所以有很多人在综合考虑后选择了返还型或投资型保险。当真正面临赔付的时候,你会发现所买的这些保险并不管用,缺乏真正的保障作用。

在绝大多数情况下,我们要优先考虑保障需求,比如意外险、重疾险这

种类型的消费型保险，因为任何人都没有办法保证自己不会生病。在经济情况允许的情况下，可以综合考虑购买多种保险，以重疾险、意外险为基础，再购买其他投资型保险。

2. 购买前先做保险规划，后考虑保险产品

在考虑购买保险前，首先，要了解自身的需求，制定保险规划，明确自身所需要保障的内容，同时要考虑到未来的不确定性。其次，再综合考虑购买哪种保险、买多大保费来满足自身需求。

我们毕竟不是专业人员，这就需要专业的保险经纪人来提供可参考的保险规划。如何才能制定保险规划呢？需要从以下几步着手：

(1)信息收集整理。首先，我们要了解自身的实际情况，比如说年龄、职业、财务状况、赡养人口、已有的保障等信息。

(2)风险评估。寻找专业的保险经纪人，听取专业的建议。保险经纪人根据所了解的信息，分析客户的需求，包括保险产品的需求、未来财务安排的需求、家庭计划的安排等，从而进行精确的风险评估。

(3)提供解决方案。根据与保险经纪人的沟通，获得专家提供的解决方案。保险代理人会根据客户的需求，合理组合保险产品来达到保障的目的，列明保险的保费、保额、等待期等内容，让客户一目了然，同时可提供多种保险供客户选择。

3. 优先满足人身保险，然后考虑财产保险

相信有超过 90%的人会为自己的爱车购买车险，但是购买人身保险的人尤其是年轻人却很少。这一现象也反映出人们对保险的认知不够，总是看重外在，忽略了最重要的自己。人身保险是最直接的保障，远比财产保险更加重要。因为只有人才能不断地创造财富。所以说，在经济实力不允许的条件下，我们要首先考虑购买人身保险，其次再考虑购买财产保险。

根据市场统计，目前网民最担心发生疾病和意外，因此购买前三的保险

产品是长期意外险、长期重疾险、寿险,这也符合保险配置的原则。

4. 优先满足保额需求,然后考虑保费支出

在购买保险时,第一个要咨询的是保额而不是保费。保额是通过科学的风险评估和需求分析得出的,也切实关系到当你需要赔付时所能够得到的保险金额。这就需要你在购买保险时客观分析一下自身的情况,选择最合适的保额。保费可以通过投保人的实际情况做出适当的调整,比如在相同保额的前提下,消费型、返还型保险或者缴费年限的不同,都会直接影响保费的高低。

5. 先保家长,后保小孩

在大家有购买保险的意识时,第一反应就是考虑到孩子小,优先给孩子投保,其实这是一个错误认知。对于孩子来说,家长才是孩子最大的保障,远超过保险。家长才是一个家庭的经济支柱。只有给予家长最大的保障,才能够让孩子的生活无忧。

投保选择:对于家庭来说,一定要遵循先大人后小孩这个原则,先为大人购买重疾险、意外险等,再考虑孩子的人身险。若是大人都出了意外,即使有保险也无法给予孩子最基本的保障。当家庭中只选择一人优先投保时,那就给家中的经济支柱投保,这样才能利用保险转移风险,确保家庭不会出现财务危机,保障孩子有最舒适的生活环境。

相信搞懂了上面这些原则,你在购买保险时就不会束手无策了,也就有了一些明确的方向。不论购买什么样的保险,在购买前一定要多了解一些保险知识,有了明确的方向和原则,这样才能给自己和家人最大化地保障。

7.3.2 互联网保险平台介绍

在充分考虑了上述规则后,我们还是可以通过互联网平台结合自身的需求选购保障型保险。目前,几乎各大主流的金融科技平台都开拓了互联

网保险业务，通过各大平台的移动 App 即可一键购买。市面上比较有名的平台有蚂蚁保险、微保/微信理财通、京东金融。三家大型的金融科技平台，都值得我们关注。

1. 蚂蚁保险

蚂蚁保险，是蚂蚁金服旗下的互联网保险销售平台，它通过与各家保险公司合作代理销售各家保险公司优秀的消费型保险，为广大用户提供便利。自 2014 年成立以来，蚂蚁金服跟 100 多家银行、60 多家保险机构和 40 多家基金与证券建立了合作关系，是一家实力相当雄厚的金融服务集团。

目前市场上主流的保险公司都已经入驻蚂蚁保险平台。保险产品类型包括车险、意外险、健康险、旅行险、人寿险、财产险等，类型多种多样，可以满足用户的各种需求。用户在蚂蚁保险平台购买成功后，都有相应的电子合同生成。在蚂蚁保险平台签订的合同都是真实、有效的，对于合同范围内发生的保险事故，保险公司会承担相应的保险责任。

由于当前互联网金融风险整治，防范和化解金融风险，蚂蚁保险的经营策略也趋于稳健，销售的都是保障型保险，偏向于投资型的保险都已经下架，因而如果我们要选择投资型的保险产品，那就要用支付宝了。

2. 微保/微信理财通

微保（WeSure）是腾讯首家控股的保险代理平台。微保携手国内各大知名保险公司为用户提供优质的保险服务，让用户可以在微信与 QQ 这两个国民级的生活服务平台上进行保险购买、查询以及理赔，让保险触手可及。

微保承载腾讯平台的连接与大数据能力，为用户从众多产品中严选出性价比高的保险产品，涵盖了车险、意外险、健康险、旅行险、人寿险、财产险等多种类型产品，并提供微保独家的优惠与增值服务。此外，微保将结合腾讯不同的场景，让保险变得更加简单、时尚、好玩，让用户在有需要的时候接触到适合它的保障。

为了提供不一样的保险用户体验，微保将输出腾讯的“连接、大数据、安全、场景”核心能力，与各大保险公司深度合作，为用户定制个性化的保险产品。通过微信与QQ结合微保的用户触达、风险识别、网上支付，跟保险公司的精算、承保、核赔和线下服务能力，我们希望实现全行业的生态共享共赢，最终让用户受惠。

除微保之外，腾讯旗下的微信理财通，利用微信支付对接了大量的投资型保险产品。目前，理财通中涉及的保险主要是养老保障管理产品，偏向投资而非保险；涉及的养老保障管理产品有太平保险、平安保险、中国国寿、泰康养老等大型保险公司推出的养老保险。该种类型产品虽然不具备保险的保障功能，但它的安全性好，期限相对较短，在申购和赎回上更为灵活。一般都是千元起购买，产品的收益率一般都比同期的银行理财产品稍微高一点。总体上来看，养老保障管理产品主要投资于流动性资产、固定收益类资产和信用等级高的非标资产，收益比较稳健，投资范围不涉及股票，平台有保障，所以风险相对较低。

3. 京东金融

针对互联网保险，京东金融售卖的保险理财是这三家平台中最全面的，既有万能险、投连险，也有两全险和养老保障管理产品。京东金融把保障型的保险和投资型的保险进行区分。其中，保障型的保险，从京东金融App的保险板块进入，主要提供传统意义上的保障型保险产品。京东金融与微保、蚂蚁保险类似，为了吸引客户，与保险公司合作定制个性化一些短期健康险如百万医疗险，来吸引客户。另一个是投资型的保险产品，从京东金融App的财富板块进入，这里面又分为小金保和定期精选，主要是投资型的保险产品，涉及一些投连险、养老保障型理财产品，为客户提供投资理财渠道。例如，当前京东小金保正在销售的长合泰两全保险，投资期限为5年，近一年历史年化收益率(2019年10月15日的数据)达到5.59%，整体上属于中、低风险理财。

综上所述，根据当前的市场情况，通过分析上面三家大型互联网保险平台的产品，可以发现，即使是纯粹博取投资收益，理财型的保险产品也是一个非常理想的选择。

(1)目前保险理财的年化收益率为 3%～6%，高于货币基金，起点基本在 1 000 元左右，并不高，和有些城商行的银行理财差不多，风险相对安全、可靠。

(2)保险公司推出的养老保障管理产品基本都属于中、低风险，期限大多 3 个月至 3 年不等，比较灵活，投连险风险相对较高。

(3)万能险的期限都较长，在 5 年以上；投连险期限较短，多为 1 年左右；养老保障管理产品期限最短，有 3 个月甚至 30 天的，比较灵活。

综上所述，我们可以了解到互联网保险的产品都是受银保监会的审批备案的，相对都比较规范、严格。在实际投资过程中，我们可以根据保险的配置原则，优先配置相关保障型的产品，在有余钱后，可以选择一些投资型的保险产品。尽管投资门槛比宝宝类产品的门槛稍微高了一点，但是收益相对更高，安全性也比较好，值得广大用户积极关注。

第 8 章　数字货币

数字货币作为区块链技术最早的应用，尤其是比特币价格的快速上涨，引起了社会各界的高度关注，经过了十多年的快速发展，受到很多国家政府的强力打压，依然茁壮成长，其顽强的生命力正在人们经济生活的各个层面得以展现，因而日益受到社会各界尤其是金融行业的密切关注。数字货币作为一个新兴的电子货币，是区块链技术在金融科技领域中有关货币技术的创新。

本章全面介绍了货币的发展历史，指出随着经济全球化的发展，目前货币已经发展到数字货币阶段，通过与传统纸币、网络虚拟货币和电子货币的对比，总结出数字货币的含义和特征，从数字货币的需求和供给两个角度，展示了数字货币存在价值的三大基础，深入、全面地介绍了当前数字货币中最成熟的应用——比特币，最后简要总结数字货币面临的风险和监管。

8.1　产品分析

数字货币，即 Digital Currency，是一种去中心化的、不受权威机构管制的、数字化形式的货币，与我们通常所见的法定货币形式的电子货币有本质的差别。BTC、ETH、EOS 等都是常见的数字货币。

8.1.1　数字货币的内涵

目前业界对于数字货币尚未有非常明确的定义，通常意义上所说的数字货币是一种通过计算机算法运行而获得可编程的加密数字化形式的货币。它不仅具有电子货币所具有的一切属性，还具有去中心化、存储成本更低、安全性更高、支付更便捷等优点。

数字货币与信息技术紧密相关，是计算机系统通过程序自动生成的数字化货币，具有支付和流通属性，具有法定货币的一些特点，但又与传统纸币、网络虚拟货币和电子货币有很大的不同。它是一种通过基于区块链技术生成的无中央政府背书的市场化的电子货币，与虚拟货币、电子货币的区别如表 8—1 所示。

表 8—1　　各类货币的比较

分　类	虚拟货币	电子货币	数字货币
发行主体	少数大型互联网企业	政府主体	计算机网络算法
与法币的关系	非法币电子化	法币电子化	非法定货币
监管现状	只允许法定货币购买	严格法定监管	暂无监管政策
流通体系	特定网络环境	法币环境下	全球网络环境下
典型代表	QQ 币	网银账户	比特币

1. 数字货币与传统纸币

与数字货币相比，当前使用的纸币和硬币的发行成本极高。例如，当前各国法定的纸币，需要原始的纸张、特殊的印刷材料、复杂的工艺等印制而成，在后续的使用过程中还需要搬运和管理等各项费用。数字货币依托计算机算法而生成，通过互联网进行流通，不需要连接银行网络就可以使用，方便客户转移支付，成本非常小。

与数字货币相比，传统货币在安全保卫及防止伪造等方面投资较大。对于防止伪造，纸币在当前日益发达的仿真和复印技术面前显得无能为力。数字货币系统通过互联网运行，具有多层加密措施，信息一旦生成，不可篡改，伪造一组随机产生的密码要比伪造现金、伪造签名难得多，而且数字货币的使用有据可查、有踪可寻。

2. 数字货币与虚拟货币

数字货币是基于区块链技术生成的数字化形式的货币，可以在多个不同场景下使用，具有实际应用价值，与虚拟货币有很大不同。首先，虚拟货币是指非真实的货币，经常出现在游戏中。比如，在竞技类游戏或场景类游戏中，通过游戏晋级、执行任务等方式获得游戏币，那些游戏币是虚拟的，只能在本游戏中使用，但是在游戏环境中那些虚拟的游戏币也会有其真实价值。你从别的玩家那里将其账号买过来，就可以得到该玩家的所有虚拟资产，然后你继续玩下去就会容易得多。其次，虚拟货币并非一定是数字化的。例如，小孩子玩游戏时用小石子当虚拟货币，不断进行交易。

3. 数字货币与电子货币

数字货币是一种无任何政府背书的自由流通的电子形式的货币，与我们银行账户里的电子货币有很大不同。首先，电子货币是存储在银行账户里的电子化形式的货币，一般指IC卡(智能卡)、磁卡(磁带)等实物介质里储存的现金，与当前社会上的法定货币具有完全相同的使用空间和购买力。而数字货币是不需要一张物理卡片的。其次，电子货币的每个数字都有与之相对应的法定货币，也就是说，用户拿银行卡中的50万元电子货币到银行取钱，银行一定会有对应的纸币兑付给用户，因此，当前的电子货币本质上还是存款货币，是政府强制发行的信用货币。数字货币，是基于区块链技术生成的，是没有任何政府背书的全球通用的电子化形式的货币。

8.1.2　数字货币的特征

数字货币是人类货币发展史上的重大创新，对于人类的经济活动将产生巨大的促进作用。数字货币是将货币的身份属性与账户属性绑定在一起，为其每次流转加盖时间戳，并在全网记录。数字货币存在于网络数字环境中，无需实物，也不是实物，只是一套数字化的记账系统。可以说，数字货币是在一个互联网技术与数字技术支持下近乎纯粹的数理环境中发生与运行的。它与我们现行的法定货币有着本质的差异，数字货币没有发行主体，也没有指定的国家范围，相比纸质货币、电子货币，具有去中心化、安全性高、支付便捷等非常鲜明的特征。

1. 去中心化

与当前的法定货币不同，数字货币是没有任何一个权威的发行主体的，没有任何权威机构为其信用背书，其生产和流通都依据设定好的算法自动运行，具有非常明显的去中心化特征。一是数字货币的发行和流通不依赖于中央银行、政府、企业等中心机构组织的支持或担保，而是依赖信息技术、密码算法、共识协议等一套计算机算法来实现，是依托互联网自由流通的。数字货币的产生理论上确保了任何个人、机构、政府等都不可能操控数字货币总量或制造人为的通货膨胀。二是数字货币没有一个集中的发行方，而是通过分布式的网络节点根据数学算法计算产生，理论上任何人在任何时间、任何地点都可以参与制造数字货币。

以比特币为例，目前它已经成为全球通用的价值货币。它是依托区块链技术，利用计算机算法生成的，没有任何的中央发行主体，也不存在中心节点管理这个网络，本质上就是一个分布式网络环境下通过程序算法生成账本信息。它的货币总量固定为 2 100 万个，并且按照预定设计的生产速率每隔 4 年等比例递减，并将在 2140 年达到 2 100 万个的上限。从 2016 年 7 月 10 日起，全球的比特币交易系统平均每 10 分钟生成一个区块，向网络中释放 12.5 个比特币,并在以后每隔四年逐步减半。

从传统的经济学理论看,如今的货币已发展到"信用货币"阶段,即国家信用作为货币的支撑,代表政府的中央银行垄断货币的发行权,并采用强制手段保证法定货币的统治地位。这样,以纸币为主要形式的货币就和货币背后实际的价值物分离了,国家实际掌握了凭空拥有财富的能力,加之国家不可能绝对理性,所以货币超发,通货膨胀几乎是难以避免的,造成的后果就是公众财富被侵蚀和诱发经济危机。对此,以哈耶克为首的自由主义经济学家,曾提出了货币的非国家化主张,设想以一种非中心货币取代国家法定货币,认为只有非中心化的货币,才能保证公平,才能让价格稳定,避免通货膨胀和滥发货币。数字货币正是这样一种非中心化全球通用货币。

2. 安全性高

数字货币,通过计算机网络的复杂计算获得,具有良好的可编程特性。数字货币可以指定用途和接收人,外加特定的支付条件,并且将所有这些信息进行加密,添加到区块链账本中,对交易中的账户信息完全匿名,具有很高的安全性。

数字货币在通过计算机网络产生的过程中都是以加密的形态出现的,且信息一旦生成,不可更改。每次支付的金额都有一个加密值且不能更改,严格按着时间循序存储,保证了货币从源头就只有可追溯性,这是当今各国反洗钱中非常有效的手段。

数字货币的身份验证,不同于以法定货币为基础的电子交易时的身份验证,其具有较强的匿名性特征。一是数字货币交易可以在购买初期就实现匿名,用户仅需提供资金或通过信用卡就可以购买数字货币,交易过程中较少涉及用户的身份信息。二是数字货币的匿名性还在于其有不同于传统电子交易的替代支付方式,使得整个交易过程中外人无法辨认用户的身份信息。如在使用比特币支付平台,用户申请账户时不需拥有银行卡或账户,也不需要注册和提供任何个人信息,只需要拥有一个比特币地址即可实现方便的收款和付款功能，较好地实现了数字货币交易过程的匿名性，确保数字货币持有人的信息安全。

3. 支付便捷

数字货币的产生，使得货币履行其职能的效率几乎达到了一个十分完美的境界：数字货币的发行和管理，直接在互联网上实现；现金的发行和回笼通过区块链网络自动运营，极大地降低了货币的管理成本，这样可以完全避免在纸币本位制度下存在的诸如高成本问题、假币问题、安全问题和现金供应量难以确定的问题。数字货币支付的便利性，使得其发展前景比传统的货币具有更大的优势。

数字货币不受时间和空间的限制，能够快捷、方便且低成本地实现境内外资金的快速转移，整个支付过程更加便捷、有效。以货币的跨境转汇为例，传统货币转汇到境外需要通过多个银行机构直接链接，办理较为复杂的手续，如金融电信协会的业务识别码、特定收款地的国际银行账户号码等，同时，完成整个资金转移过程耗时较长，并且需要支付较高的手续费；而数字货币则能实现跨国货币转移的低成本、便捷化服务，如通过比特币办理境外资金汇出业务时，可以在接受支付命令后将支付金额记入收款人的比特币账户，等待网络确认后，对方就可以收到比特币。比特币利用全球 7×24 小时不间断运行的区块链支付系统，实现跨境支付的便捷性和及时性。

8.1.3　数字货币的发展趋势

随着比特币的崛起、区块链技术的不断发展，相信会有更多的数字货币诞生，无论以什么样的形式展现，用什么样的算法去实现，类似于黄金挖矿，还是类似于现在大多数的法定货币，数字货币都将在互联网大潮中发挥出更加重要的作用。相信未来也许有一天纸币会消失，数字货币就可以像现在的欧元一样，在国家与国家、大洲与大洲之间畅通无阻。随着国家之间的交流、贸易等的迅速攀升，数字货币将在人们的日常生活尤其是互联网交易和服务中发挥更加重要的作用。

未来数字货币将在生成算法更加多元化、应用范围更广泛、使用体验更友好等方面取得更大的发展。

1. 生成算法更加多元化

随着区块链技术的不断发展，数字货币的生成算法在使用上更加多元化。以比特币为例，BTC的发行是建立在SHA-256密码系统之上的，SHA是基于哈希函数(Hash)算法的加密系统。这套算法成功解决了比特币的发行、交易确认以及安全性的问题。ZEC利用了零知识证明的加密交易信息，利用一个公共区块链来展示交易，但会隐藏交易的金额，而查看密钥的所有者(即币的拥有者)，可允许他人查看与这个密钥相关联的信息。未来，各种数字货币可能会选择不同的算法。

无论何种算法，都是要解决数字货币的发行、记账、安全性和传播机制等，既可以实现货币的价值尺度、流通手段等职能，也可以具有数字货币的去中心化、在市场竞争中生成等特性。

2. 应用范围更广泛

数字货币的价值体现在其使用范围上。当前对于数字货币诟病最多的一点就是可应用的场景太少，以至于有些商户接受比特币都会成为新闻。不过，随着互联网更深入地渗透到人们的生活，那些完全基于线上的生活方式和交易场景会越来越多，这让数字货币在未来大有用武之地。所以，数字货币面临最重要的任务是扩大用户数，用户数达到一定的量级，就会有更多的商户接受数字货币。反过来，应用场景的增加，也会促进用户数的增加。

目前，比特币的挖矿越来越难，需要的矿机越来越多和电力花费越来越大。为了让比特币能在更大程度上、更大范围上成为全球通用的数字货币，需要不断扩展比特币的使用人群。随着接受数字货币的区域扩大和商户的增加，要让更多的用户参与数字货币的生产和使用。比特币的设计原理决定了其是偏向于"通货紧缩"的,一般用户到后期很难参与。所以,未来的数字货币要变得更加的"人性化",能够让更多的用户参与,可以将"币值"设定得小一些,以避免快速出现"通货紧缩"。应该说,比特币在诞生之初更多考虑的是体现数字货币的思想——去中心化、高度安全性、没有国家意志支撑、通过市场竞争来优胜劣汰等,但对于用户体验方面考虑得并不多。而未来的数字货币,会让用户更便捷地挖矿、支付和自由流通。

随着越来越多的人关注和使用数字货币,未来数字货币的应用场景必定不断扩大。

3. 使用体验更友好

为了让更多的人使用数字货币,基于数字货币的应用会更加注重用户体验,会更多地往移动终端发展,会更加注重传播的便利性。未来随着智能手机的快速普及,移动购物、移动生活服务已经逐渐进入人们的日常生活,移动互联已成为现代人的生活方式。相应地,在移动终端上生产、支付数字货币就成了理所当然的事。所以,未来数字货币会更多地转向移动端,也就是在手机上支持挖矿、交易和支付等,具体的应用场景也是要适合移动支付的。

例如,当前比特币的设计原理是让用户们通过比拼计算机的运算能力来进行挖矿,这种生产机制并不太具有可传播性。而如今一些基于手机端的数字货币,则更易于传播。比如,在以色列就出现了一种基于手机端的数字货币,而且是基于社交网络的。而美国有一种手机端的数字货币,是完全应用于游戏的。未来的数字货币,必然要增加其可传播性,因为作为流通手段是货币的基本职能。

8.1.4 数字货币的价值分析

数字货币,是依托区块链技术而产生的一种数字化代币,具有强大的应用价值,其本身就有一定的内在价值。

1. 数字货币的价值有效支撑经济的发展

随着社会经济的快速发展，商品服务交换范围的不断扩大，当前国家权威机构发行的中央货币已经无法满足经济全球化货币高度自由流通的需求，尤其是跨国交易资金汇兑中涉及货币流动性、便利性的需求。随着科技浪潮的兴起，全球网络经济一体化的快速发展，数字货币应运而生。

货币是时代变革的产物，货币的演变过程是不断提高交易效率、降低交易成本的过程，体现在适应客观经济发展、满足交易模式、规避货币波动风险的内在映射上。贵金属货币、信用货币和虚拟货币在不同的发展时期在各自的应用领域都有过完美的表现。

当前全球经济不断下行，正处在货币史上非常不确定的时期，金属货币已经不再是流通中的货币，信用货币内在价值不稳定，数字货币规模还太小，未得到全世界的认可。比特币是信息科技时代对货币进化提出新要求的必经过程，是信息价值的承载中介，体现了金本位的理念，具有流动性和增值性，预示全球金融生态系统正由量变向质变发展。

下面从经济发展的角度，从贵金属货币、信用货币、比特币作为一般等价物，衡量财富演变过程的角度分析数字货币产生的客观经济基础。

(1)贵金属货币总量有限，难以适应经济发展

贵金属货币由于总量有限，难以适应经济全球化的发展。从农业社会进入商业社会，白银、黄金等作为贵金属货币，由于储量低、开采难、易分割、内在价值稳定，相当长时间内充当一般等价物，促进了各国范围经济和规模经济的发展。贵金属货币反映了重商主义，促进了国际贸易稳步增长，出现了百年经济繁荣景象。但是当各国经济达到一定规模，大量商品被生产出来后，充当货币的贵金属由于数量过少，出现供求关系失衡。

2008 年国际金融危机爆发后，全球经济不断下行，投资者开始对按揭贷款的价值失去信心，社会上不断有“回归金本位”的观点产生。2013 年上半年国际金价持续处于跌势，意味着黄金如果作为一般等价物其价格也不稳

定，再加上黄金的稀缺性，不能与经济发展保持同步，难以精确微分，实现微型小额支付，因此回归金本位根本无法适应经济发展的需要。

(2)信用货币币值不稳定，容易引发经济动荡

由于通货膨胀等因素导致信用货币币值不稳定，容易引发经济动荡。1971 年布雷顿森林体系解体后，货币从贵金属货币进化到没有商品作为发行保证的信用货币。各国政府纷纷发行本国货币，货币的分散性替代了单一性，呈现出多元主权货币的特征。信用货币本身不具有内在价值，各国信用货币的信用来自中央银行体系和国家法律的强制力。只有国家发行的货币才有法定清偿能力，具有名义价值，而且货币名义价值的基础是国家经济实力和偿债能力，从而保证了信用货币较好地实现货币产生的初衷，便利商品交易，满足日常经济生活的需求。根据当前全球经济的发展现状，预计未来很长一段时间内信用货币依然是货币的主流形式。

随着互联网的快速兴起、商品贸易的发展壮大，信用货币反映了工业时代发展的特点，它代表着掌握资源、使用资源的能力。商业银行的信用货币创造过程是一个信用发现、信用评估、风险定价的过程，信用系统通过信用活动能够为资金需求者创造“恰当数量”的货币，使社会创造稀缺资源的未来潜力变为现实，这是信用货币繁荣市场经济、信用经济的最大贡献。但是，全球各国发行的分散性主权信用货币币种繁多，商品交易承受汇率风险，增加了额外交易成本。同时，信用货币的生产成本低，货币供给具有弹性，避免了黄金等自然货币数量受限的问题。通过增发信用货币满足商品交易的需求，容易导致币值不稳定，持有信用货币的微观个体被动承受货币通胀、货币贬值的损失，这种失衡的货币格局自然引发货币的自我进化，导致经济运行产生动荡。

(3)数字货币是全球经济一体化的必然产物

数字货币是经济全球化、信用货币不断演化的产物，反映了信息对称、个体选择、去中心化和权力制衡的货币特征，映射了货币由分散性向单一性回归的进化需求，是全球网络经济发展的必然产物。

比特币是信息技术快速发展、全球经济日益紧密的产物，让货币自由流通、电子商务变得便捷一直是互联网上电子化形式货币设计的理念。互联网是信息产生和流动的网络；金融业是信息敏感产业，是数据驱动的行业。互联网与金融业务的融合形成互联网金融。金融科技是互联网时代金融业发展的主要路径，依照金融业务产品化、金融产品标准化产生规模化效应，淡化了金融业的分工和专业化，最具代表性的是个人对个人直接信贷——P2P网络借贷。互联网金融有三大支柱：网络支付、信息处理和资源配置。其中，互联网金融的支付方式体现在比特币上，促进了货币全球化进程，为非主权的虚拟货币逐渐成为主流货币创造了条件。

从广度来看，金融科技的广泛应用推动传统交易模式的改进。充分利用互联网公开分享的特征，大大降低了金融产品和服务的门槛，成为一种消费引导和客户服务模式，提高了金融包容性，市场参与者更为大众化。从深度上看，金融消费者掌握互联网金融产品和服务水平的能力不断提升，可以充分利用互联网完成几乎所有的交易，而且金融科技的最大特点是不断创新业务模式，推动全球一体化。

金融交易内在的复杂多样性和专业性不断提升，与高技术特性的互联网行业结合在一起，使金融体系更加透明、平等和开放。互联网金融可以通过某一个先进的计算机算法进行数字化处理，创造一种去中心化、公开、透明的支付方式。人们不再是被动的货币产品的消费者，而是货币的生产者、创造者，不受任何政府和银行的掌控。

2. 弥补现有货币体系的缺陷

无论是金本位制度、信用货币制度和电子货币制度，都是人类不断探寻全球经济贸易往来、解决全球流动性问题的制度安排，但是当前的货币制度都存在着不同程度的缺陷，截至目前仍旧不是理想的全球流动性制度安排。

当今，美国已经成为现实中的全球中央银行，美元为全球经济往来提供流动性但缺乏统一规则，美元与其他货币之间的兑换效率低下且相对成本较高，特别是 2008 年全球金融危机后，世界各国竞相采用量化宽松货币政策（Quantitative Easing，简称 QE），尤其是美联储连续四次推出量化宽松货币政策，导致全球流动性泛滥、通货膨胀，充分展现了当前信用货币体系的内在缺陷。当前政府发行的信用货币体系的内在缺陷是数字货币产生的客观经济基础。目前，信用货币体系存在如下三大缺陷：

一是信用货币的发行缺乏可信的“锚”，容易产生经济动荡。当前国际货币的发行还没有达成全球一致认定的可信基础，国际货币发行边际成本几乎为零，因此当国际货币发行国会时不时超发货币、出现经常性账户逆差时，会产生国际收支缺口。为了弥补国际收支缺口，目前主要有两种方式：一种是利用增发货币进行融资，另一种是利用资本账户顺差借入货币融资。如果没有泰勒规则约束，货币的增发会造成全球流动性供给过剩。国际货币体系对国际货币发行国实行软约束，国际货币发行国中央银行的不良政策和人为干扰造成国际货币多发，容易诱导其他国家货币出现“超发”的集体道德风险。同时，国际货币有国内乘数效应和国际货币乘数效应，通过国际货币乘数扩大以后被国外经济体吸收的国际货币转化成非国际货币发行国的外汇储备，再利用借出货币的方式回流到国际货币发行国债券市场。这样，某种国际货币发行越多，非国际货币发行国对此货币资产的刚性需求越大，就越容易出现货币替代效应，引起全球货币需求不稳定，导致全球经济震荡。

二是信用货币会产生特里芬难题，导致全球量化宽松的货币政策。特里芬难题是指经常性账户赤字与汇率稳定之间的矛盾。货币是财富的表现形式，多国博弈采用 QE，而 QE 不需要经常性账户赤字，也可以增加国际流动性，导致全球流动性过剩。信用货币币值的不确定性和不稳定性增大，导致货币贬值、通货膨胀。币值不稳定会导致财富再分配，各国竞相实行以邻为壑的汇率政策，竞争性地进行货币贬值，出现国际货币发行国之间的“囚徒困境”，信用货币的政府信用受损。而较早退出 QE 的国家主权货币相对其他未退出 QE 的国际货币升值，会产生抑制出口、面临退出 QE 的合作困境。

三是多种不同的信用货币之间缺乏国际协调机制，造成全球流动性泛滥。每个国际货币发行国都有货币发行权，自身发行的信用货币都有一定的使用范围，因此各种信用货币之间缺乏国际协调机制。如果各国大量发行货币，则会导致全球流动性过剩，产生通胀风险。由于各国均可发行信用货币，聚集通货膨胀风险却很难找到明确的责任人。量化宽松导致国际货币发行国降低基准利率，实际利率较低。同时，量化宽松导致全球缺少高信用等级资产，产生货币与资产的替代效果，通过利率的降低，导致资产价格上涨，带动经济增长。QE 是缺乏规则的相机决策，政策效果具有短期性，出现决策与政策效果的动态不一致，金融资产投机容易诱发资产价格偏高，甚至资产泡沫，积累金融风险。如果全球产业链紧密，汇率体系缺乏完全弹性，全球产出缺口不大，某个国际货币发行国国内产出缺口很大，会增加全球流动性供给。

在多元主权货币体系下，人类至今一直没有找到货币背后可信的“锚”。数字货币由于采用公开、透明的稳定算法，且具有总量固定、信息加密安全存储的特点，价值稳定，所有参与人之间信息完全公开、透明，能够形成可信的“锚”。比特币热潮的出现，比特币价格的持续增长，说明各国对国际货币“锚”的渴求，需要建立一个管理全球流动性的“锚”，对国际货币供给实行硬约束。同时，QE 导致通货膨胀，主权货币价值尺度的“度”不准确，媒介物品交换困难，储存价值的功能弱化，社会和个人财富在银行信用泡沫中被侵吞，货币是否值得信任成为主权货币最根本的问题。比特币依赖计算机算法而产生，供给总量不依赖于中央银行的支持或者金融机构的信用担保，避免了货币超发和汇率被操控，解决了信任问题，是一种更为安全、更公正的数学解决方案。随着越来越多的人参与比特币的生产和使用，未来可能会出现比特币部分替代主权货币的情况。

凯恩斯理论强调需求管理，没有特别关注对供给方面的结构性改革。弗里德曼的货币数量理论设想用一个自动化系统取代中央银行，以稳定的速度增加货币供应量，消除通货膨胀。20 世纪初，奥地利经济学家哈耶克在《货币的非国家化》(*Denationalization of Money*)中第一次完整地论述了一种非主权货币的构想：政府不应该垄断货币的发行，应该允许私人自由竞争产生货币。当前全球经济萎靡不振，需求不足，供给方失调，国际货币体系改革的主要内容应该实行包括量化宽松的需求管理转向供给方面改革，以供给管理为主，需求管理配合，管理全球流动性"总闸门"，防止流动性随意泛滥，为向非主权货币过渡创造条件。

综上所述，数字货币是随着社会经济的发展、互联网技术的进步而产生的，它依托计算机算法而产生，具有总量固定，价值稳定，所有交易信息公开、透明的特征，能够一定程度上弥补当前货币体系中遇到的内在缺陷，代表了国际货币体系的发展方向。

3. 安全、高效地达成货币共识

货币的发展历史表明，没有货币共识，就不会有货币，也无所谓货币供给。数字货币的供给是一个纯粹的数学解决方案，是一系列严密的计算机算法。在互联网环境中，货币共识作为一种基础协议，非常容易得到网络中交易双方的完全遵守，这就决定了数字货币的效率性和安全性。信息技术的快速发展、互联网的迅速普及，使数字货币比传统货币能更加安全、高效地达成货币共识。

货币学派大师弗里德曼在其所著《货币的祸害》一书中开篇讲到耶普岛的石头币：在太平洋西部的耶普岛上，人们使用巨大的石块作为货币，并在各岛间用船来运送石头币。一次发生了沉船，石头币坠入海底，无法打捞出海。岛上的长老们聚议决定，虽然石头没有了，但是石币依然有效，这便有一个新的"基础协议"，是一种货币共识。这个事件意义十分重大，表明石币转化为记账货币，而记账货币基于一种货币共识，是人们在经济生活中共同遵守的基础协议。

时至今日，美元作为世界通用货币，美联储地下金库中的金块分属世界各地不同的所有人，金块变换主人并不需要搬运，只要完成记账即可。这就说明货币与账户是密切相关的，货币的身份属性和账户属性决定了货币交易中的记账活动，而这个体系是由参与货币交易的群体的“共识”决定的。

货币共识是一个潜在的协议形态，它并不是以强制执行为保障的，而是货币交易双方之间约定俗成的共识协议。在津巴布韦和朝鲜所发生的货币发行失败，并不表明两个货币当局缺乏足够的强制力。失败的根本原因是货币发行者没有能够与接受者形成必要的货币共识，因此接受者不愿意使用发行的货币。

数字货币利用区块链技术通过互联网运行，能更加安全、高效地达成货币共识。在技术上，数字货币各有其数学解决方案，借助于密码技术及区块链技术，利用互联网的分布式系统进行复杂的运算得出，所需信息公开、透明，非常便于大家信任，达成共识；在逻辑上，数字货币基于“货币共识”，即人人可信的一个共识基础。这个共识，也可被称为基础协议，亦即数学上的解决方案。认可这一数学解决方案或“基础协议”，就成为数字货币“共识”的一分子，亦即加入该数字货币系统。加入该数字货币的所有群体，人人公开信任该基础协议，达成货币共识。

对于数字货币的基础协议，一旦加入，除非选择退出，否则无法违反基础协议。由于数字货币的共识公开、透明且不能被违反，因此数字货币的效率最高也最安全。现实的社会经济体系复杂动荡，即便有一系列的外部保障也完全无法达成并遵守如此严格的货币共识。正如前文所言，这就是在一个纯粹的数理环境下实现的，是一个标准的数学解决方案，是基于互联网全球化环境下产生的，是非常公开、透明的，因此更加容易达成货币共识。可以说，数字货币的“货币共识”或“基础协议”，反映出数字货币供给端的基本特征。

数字货币作为一种价值资产，其价值由货币的供给和需求决定，类似于黄金等大宗商品。但与大宗商品相比，数字货币只是计算机内的一套记账系统，由于没有实际的物品，如果仅仅从实物角度看它们的自身价值为零。

数字货币的价值只依赖于这样一种信念，即数字货币可以在未来某个时间兑换成任何商品和服务，或者是一定量的主权货币。新的数字货币的产生完全是由计算机协议决定的，每种数字货币有不同的长期供给和货币创造预设规则。此外，数字货币计划倾向于不以美元、欧元等主权货币计价或与其产生关系。以比特币为例，它的价值就是按照一个比特币为单位进行转移的。

目前，互联网上已经出现多种数字货币，比较活跃的有比特币（Bitcoin）、莱特币（Litecoin）、狗狗币（Dogecoin）、瑞波币（Ripple）、未来币（NXT）和点点币（Peercoin）等，不同种类的数字货币更像是一个个不同的俱乐部，每个俱乐部都拥有自身明确的章程。任何人若认可俱乐部的章程——货币共识，便可加入成为会员，拥有相应的货币账户、基础协议和交易规则等，拥有该货币账户也保证了数字货币的身份属性、账户规范和记账规则。目前，市场上比较活跃的数字货币背后都有一批活跃的信任者和支持者，在不断地进行与数字货币相关的交易活动。随着应用范围的不断扩大，未来将涌现出更多的数字货币，拥有越来越多的数字货币持有者。

综上所述，根据经济学中的需求供给理论，有需求必然产生供给。目前市场上已经出现多种数字货币，每种数字货币背后都有大量的支持者和拥护者，具有货币共识的数字货币已经在很多领域展现其强大的社会价值。

8.2　风险提示

数字货币作为一种新型的依托区块链技术而产生的创新货币，具有全球自由流动且匿名的特性，其面临的风险主要有技术风险、金融风险、法律风险等。由于比特币是当前数字货币中最典型也是最成熟的应用，也是应用范围最广的数字货币，因此下面讨论的风险主要以比特币为例。

8.2.1 数字货币面临的风险

1. 技术风险

(1)数字货币存在技术安全隐患

由于数字货币采用信息技术中的分布式总账技术,要求网络中所有参与者达成共识来确保总账的唯一性,因此数字货币运行系统中可能会被恶意行为者通过欺诈交易、诱导其他参与者共同伪造总账来获利,存在着信息安全漏洞隐患。另外,虽然数字货币是依托互联网而运行,拥有比传统支付体系更快、更高效的支付处理能力,但实际处理速度将受很多网络技术因素影响,因此有可能会造成交易受阻停滞。

(2)数字货币总量固定的技术风险

以比特币为例,比特币运行系统设定每十分钟产生 1 个区块,并且每个区块生成的比特币数量被设置为呈几何级数下降,每四年减少 50%,到 2140 年比特币流通饱和,将不再有新的比特币产生。这种计算机算法设定发行模式旨在维护币值稳定,防止通货膨胀。理论上,由于比特币的可分割性,能有效抑制由其价值逐渐提高,购买力增强,导致流通速度降低。但正是这种持续减发的体制,致使比特币越来越稀有、价值越来越高,存在着难以满足经济发展需要的可能,会给市场的运行带来风险。

(3)数字货币交易不可逆的风险

在比特币技术中,交易只存在两种状态:成功与失败。一旦执行成功,不允许撤销操作,其设计本意在于防止双重支付的问题,同时也是为了避免由退款需要重新建立信任关系而对个人信息的收集。设计目的在于防范人与人之间的信用风险,但由此提高了犯罪风险,亦使得法律保护难以实行。法律对交易的保护旨在维护交易的合法性,在交易不合法时,法律可判定交易无效,将交易撤销,涉及资金返还并赔偿相应的损失。比特币在技术上使得交易无法逆转,从另一个意义上也让比特币钱包的盗用者高枕无忧。

(4)数字货币身份匿名风险

在比特币的世界,由于没有传统世界银行的开户行角色,比特币的交易系统为一个纯匿名系统。比特币的使用者只需要下载比特币钱包客户端便可使用比特币,通过客户端的注册无需实名认证,而且可以注册多个账户地址。

比特币系统的匿名性存在安全隐患,一旦比特币系统产生漏洞或是私钥丢失,比特币将没有追回的可能,其使用者本身的安全也无法得到保障。比特币匿名的特点可能会带来如下风险:第一,匿名性导致政府对使用者的强制性措施无法实施,例如,对比特币使用者进行统一征税的问题,由于当前大多数国家均依靠监控银行账户的方式防止逃税,使用者的匿名会削弱政府的征税能力,影响税收的完整性;第二,匿名性为洗钱、诈骗、非法交易提供了渠道与可能。即使可以全程追溯到每一笔交易的流转,但交易者信息的缺失,为侦查与执法部门在打击犯罪上加大了难度,极端情形下将引起新型网络犯罪的浪潮。

(5)数字货币存在个人垄断的风险

数字货币因其去中心化的技术优势,利用计算机算法解决货币发行时面临的信任问题,也使得比特币不需要依赖任何政府机构能够实现货币的发行和流通。如果某人能够控制生成算法,则存在着个人垄断的风险。以比特币为例,比特币从技术上限制了政府对其干预的可能,由此会带来如下问题:第一,比特币的发展完全依赖于其技术特点,假如有群体或个人掌握了全网50%以上的算力,其后果仍是难以预料的,可以推测的是掌握强大计算能力的人能够形成对大量比特币的垄断,最终控制比特币的价值。而政府监管的缺失只能放任这种情形的发展。第二,一切传统的货币政策,如准备金率、基准利率、公开市场操作、信贷模式等均无法在比特币领域实行,即排除了政府对其宏观调控的可能。比特币大面积的市场使用率容易造成政府的恐慌,放大全球的系统性风险,也使得监管难以柔和进行。

2. 金融风险

比特币作为一种数字货币，在经济生活中扮演了货币的角色，会对当前的金融体系带来很大的冲击，集中体现在以下几个方面：信用货币、支付结算、金融投资和实体经济等。

(1)对当前信用货币的影响

比特币往往与现实货币相关联，形成一定的比价关系。一旦比特币交易量足够大，达到了干扰货币供应量的程度，将会对稳定物价及相关货币政策产生不可预料的影响。就目前而言，包括比特币在内的大多数字货币还未能达到这个程度，但比特币在技术上的优势以及对现实商品或服务的购买力，加之大众认可度的增加，已经逐步呈现出这种影响趋势。

原则上来讲，国家法定货币的流通速度在短期内不会有大的变动，这是由于法币依赖于实体经济体制并受到政府监管。而数字货币作为一个基于网络行业而发展的体系，其成长将在最大程度上取决于使用群体的数量和认可度。随着互联网用户的增加，在商家与消费者达成一致的前提下，这种对数字货币的使用量只会递增。

欧洲央行在《数字货币的研究报告》中指出："在极端情况下，如果数字货币被广泛接受的话，它将对央行货币产生替代效应，增加数字货币的使用可能，将会导致减少使用当下真实的法定货币，从而减少交易时产生的名义收入。"欧洲央行认为，私下发行的数字货币如果达到了对央行货币的广泛替代，就可以显著减少央行资产负债表的规模，同时减小央行影响短期利率的能力，需要考虑适用的现有工具来处理这种风险，如试图增加对数字货币方案的最低准备金要求。

随着比特币受到越来越多人的关注和使用，比特币将在一定程度上冲击当前的法定货币，影响中央银行的货币发行政策。

● 区块链技术会削弱中央银行的货币发行职能。分布式总账技术的出现对中央银行提出了一个假设性的挑战，虽然并不是用其他的中央主体来取代中央银行，但会削弱中央银行的功能，且在极端的情况下可能完全消除中央银行货币发行的功能。

● 数字货币的广泛应用影响货币政策的执行。随着数字货币的广泛应用，更多人选择数字货币作为一种有价资产进行存储和交易，将在一定程度上减少商业银行存款，影响社会上流通的法定货币数量，影响货币政策的执行效果。

● 数字货币的跨境支付影响法定货币的汇率稳定。由于数字货币是新发展起来的全球通用货币，在跨境贸易中可以直接支付，无需进行任何的货币兑换，因而随着适用范围的扩大，将在很大程度上影响本国的汇率。为了确保本国信用货币的汇率稳步不受数字货币的影响，世界各国政府和央行应通过协商确定数字化货币的价值和含金量，这样才能确保与各国的货币进行兑换时具有可比性，从而确定汇率机制。

(2)对支付结算的影响

中央银行作为支付系统与金融市场基础设施的监管者，以及支付系统研发和创新的催化剂，有责任提高社会交易中支付系统的安全性和有效性。支付系统的安全性需要以良好的风险管理为前提，而基于区块链技术的数字货币的支付和结算会给当前各国政府使用的支付结算带来多方面的影响。

● 数字货币的未来价值难以预测，商品定价困难。数字货币以其自身价值单位计价，其价值取决于用户的价值感知和期望。与外汇市场中主权货币单位的价值变化相比，数字货币期望值可能发生较大变化，波动性更大，在现实交易中存在定价困难的问题。

● 数字货币支付机制中终端承担所有风险。在传统的支付结算系统中，交易支付的风险通常是由金融机构承担，而在数字货币机制下，其终端用户作为直接参与者会面临交易清算、资金划转、收账确认等操作风险。数字货币基于区块链技术而生成，通过互联网进行转移支付，使用数字货币面临的操作风险程度取决于机制的设计，面临更大的不确定性。

● 数字货币支付交易不可逆，存在法律风险。由于数字货币的区块链技术生成特点，支付节点一旦确认，就不可撤销。在数字货币交易中，交易各方均可匿名操作，交易各方当事人的权利义务并没有法律框架或者明确规定，如在欺诈、伪造、丢失或被盗的情况下，可能无法清楚阐明责任问题。

(3)对金融投资的影响

当前比特币交易量还很小，筹码比较集中，比特币市场价格容易受到庄家控制，出现暴涨暴跌。同时，比特币交易平台 24 小时开放，没有涨跌停限制，很难把握最佳的入市时机，交易风险高于当前的公司证券。

数字化货币可以跨国界脱离银行网络由个人或商家发行，这样将严重侵害一个国家的货币发行主权和制定货币政策的完整性。随着数字货币的广泛应用，将对储蓄、贷款、投资等各种传统金融业务和金融市场业务产生潜在的影响。

● 点对点直接交易，影响金融市场基础设施作用。分布式总账的使用会促使不同市场和基础设施中的传统服务去除各种中心机构，进而引起交易、清算和结算的变化。这种去中心化的变化会对金融市场基础设施产生潜在影响，如大额支付系统、中央证券保管、证券结算系统或交易存储库。

● 数字货币中的共识机制，导致产品金融中介机构脱媒。如果数字货币和分布式总账广泛应用，任何随之而来的金融脱媒现象，将会对银行储蓄与授信机制产生影响，在很大程度上挑战当前金融体系中银行的中介作用。

● 数字货币的广泛使用，冲击当前的市场利率。数字货币对本国法定货币的替代作用，将直接影响本国国内的资金供需状况及本国货币的存款利率。同时，随着主权货币使用者与数字货币使用者之间经济和金融的互联程度不断提高，本国货币的货币兑换汇率会受到不同程度的影响。此外，数字货币的显著扩张，可能对适当定义货币总量提出一系列的技术问题，特别是当数字货币不以主权货币计价时，将直接影响本国主权货币的存款利率及货币汇率，进而影响金融市场的投资。

(4)对实体经济的冲击

数字货币对实体经济的冲击主要来源于数字货币已经能够在一定程度上参与实体经济中的日常往来。数字货币的使用范围越广、使用人群越多，对实体经济的冲击越大。以比特币为例，目前比特币的用户遍布全球，每日的交易规模达到上亿美元以上，给很多人的日常生活带来很大的影响。在此大环境下，比特币的关联产品发展迅速，对实体经济的影响体现在两个方面：一是比特币购买现实商品或服务中配套的支付工具发展，如“Bitpay”“瑞波支付”等。此类支付工具，类似于“Paypal”“支付宝”等第三方网络支付机构，对比特币支付提供担保，旨在简便比特币的使用，并为比特币的支付提供了多种选择方案。二是比特币金融。各种比特币的交易所不断涌现。例如，2014 年 3 月国内知名比特币交易平台“OKCoin”称获得了千万美元的 A 轮融资。此外，从 2013 年开始，国内还陆续成立过比特币的对冲基金，并通过比特币交易获利。这些本应发生在实体经济领域的事件均在比特币上发生。作为一类新型的数字货币，其与实体经济的互动程度不言而喻，已经在一定程度上替代了当前法定信用货币的支付功能，必然对实体经济造成一系列的影响。

由于比特币去中心化的特征，比特币的发行缺少政府的强制执行，比特币交易本身都是基于交易双方的相互信任，因此一旦比特币的发行机制、算法或者其他不知因素遭到黑客攻击，比特币的价值也许会存在巨大的下滑，甚至顷刻之间化为乌有。即使在当前阶段，由于比特币的价值剧烈波动，因此在实体经济领域，以比特币进行定价的产品和服务将难以进行实际定价和交易。

3. 法律风险

2013 年 10 月，美国联邦调查局宣布彻底捣毁了“赫赫有名”的地下交易网站“丝绸之路”(Silk Road)。该网站利用互联网上的数字货币，特别是比特币的技术特点，将非法物品的交易信息用私钥写入比特币交易单中，再由特定的交易对象解密获得，并且交易的对价直接使用比特币进行支付，保证了买卖双方的完全匿名性。截至 2013 年底，通过“丝绸之路”网站流通的比特币总价值约为 12 亿美元，该网站从非法交易中获得的佣金接近 8 000 万美元。

由于比特币的技术特点，美国联邦调查局在侦破案件时遇到了巨大的困难，最终美国联邦调查局通过谷歌(Google)公司等大量顶级专业人士的帮助，并派出卧底探员长期潜伏，在进行漫长的数据分析之后才将案件破获。

就比特币而言，区块链的技术特征决定了其能成为网络犯罪的工具：第一，去中心化特质使得监管在技术上无法实施，进而放任网络犯罪的发展；第二，数字货币交易中的匿名性特点，增大了欺诈风险，加大了案件侦破的难度，为网络犯罪提供了天然的“温床”；第三，交易的不可逆性符合网络犯罪交易的形式与特性(一锤子买卖)，使得非法资金难以被追回；第四，由密码学原理主导的加密技术为犯罪分子提供藏匿信息的方式与平台，由于目前解密技术具有局限性，因而将为犯罪分子转移资产与逃逸提供时间保障。

鉴于比特币交易的全球性及其在世界各地的迅速普及，无疑放大了网络犯罪、非法洗钱、地下交易的可能性，并且比特币的高复杂性对新兴市场国家而言，破获此类案件上的技术与资金投入均是难以接受的。

综上所述，数字货币在实体经济和金融投资中面临着技术风险、金融风险和法律风险。未来数字货币作为一种全球通用货币，要获得更加广泛的应用，不仅需要信息技术不断进步和完善，更需要在金融制度和金融监管上进行创新和完善。

8.2.2 数字货币面临的监管

信息技术的快速发展、数字货币的最新发展和设计上的创新，意味着监管层难以对其实施具有针对性的监管。数字货币的技术特性、无国界性、互联网性，以及交易双方身份信息的匿名性等特点，都给一国当局实施数字货币的监管带来挑战。一方面，为了严格监控数字货币的流通，监管会对支付系统供应商和中间商施加相应的成本，密切跟踪数字货币的支付路径。监管的跟踪，会增加行业的监管成本，影响数字货币的未来发展。为了减少行业相关部门的担忧，一些国家已经从高度开始研究数字货币的发展，通过调整现有的监管法规，或者确立新的法律制度来解决行业相关机构等的担忧。另一方面，如果监管机构坐视不管，也会一定程度上影响公众对数字货币的信心，许多参与者可能由于其法律缺乏对用户的保护，不敢使用数字货币，不敢投资于这项新技术，以免产生投资损失。

目前世界主要国家对于比特币的发展持有不同的态度：有的国家认为比特币是一种特殊的投资品，不具有货币属性，有的国家认为比特币是一种法定货币的补充货币。大多数国家都在高度警惕利用比特币从事洗钱、恐怖主义融资等非法活动。各国对于比特币的实质含义，仍有不同界定。

监管的不确定性，是比特币面临的最大风险。中国、印度等国家不认可比特币作为货币的法律地位。俄罗斯、泰国采取了更加严厉的管制，例如，俄罗斯政府曾宣布禁止比特币在境内交易。德国财政部承认比特币为“记账单位”，具有结算功能，但不能充当法定支付手段。美联储前主席伯南克宣称，虽然数字货币会带来法律和监管上的问题，但数字货币或许有替代货币的希望，特别是如果它能建立更快、更安全、更有效的支付系统。2014 年 6 月，美国加州众议院 AB129 法案获得通过，该法案提出：各种形式的另类货币，比如电子货币、积分、优惠券或其他有货币价值的事物，在用于商品和劳务购买或支付时，不属于违法。此法案的生效，为比特币在加州合法化铺平道路。

根据当前数字货币的快速发展，从货币演变的角度，未来监管既要包容创新又要确保监管到位，促进其社会价值的实现。以比特币为例，如果使用比特币的群体数量庞大，深度介入实体经济活动，创造传统金融体系外的 M1、M2，则会出现货币替代效应，影响法定货币的流动速度，将会对货币政策与金融稳定形成影响。在这种情况下，未来需要采取以下措施加强数字货币的监管，确保数字货币能够在国家监管的框架下有序健康发展。

第一，完善数字货币的监管体系，建立监管协调合作机制。一是明确监管部门的监管职责，将比特币等数字货币纳入监管范围，构建完善的监管体系。二是推出数字货币的大型综合交易平台，对各种数字货币的交易进行监测，开放适当的路径与传统金融行业对接，推动数字货币行业的有序化、合法化。三是数字货币具有跨行业、跨市场、全球化的特征，金融监管各个部门需要建立金融协调机制，从多个维度跟踪数字货币的发展。四是信息技术部门要加大网络信息安全的投入，设计与数字货币相关的评估、发行、验证等技术环节，设计安全、可靠的密码体系等监管基础设施，保证国家的金融安全和金融秩序。

第二，完善数字货币的财产保护的法律制度。用户个人财产安全的法律至为关键，用户持有的数字货币应该从法律角度认定为合法的个人财产。互联网金融平台通过用户协议将互联网隐私界定为可以追溯和识别个人身份的基础信息，用实践强行统一了隐私权的标准，这是适应信息技术发展的一种进步，取消了传统空间隐私权的地位。未来随着行业的逐渐规范，应出台相应的法律保护制度，未经用户许可不得向第三方出售或转让用户隐私，防范利用数字货币盗窃财产、买卖个人财产、洗钱、逃税等犯罪活动，维护其信誉。

第三，建立数字货币教育的长效机制。中国人民银行金融消费权益保护局需要针对目标群体，把互联网知识和金融知识结合起来，多渠道研究和宣传数字货币的相关知识。通过多样化的教育模式，建立金融消费者教育的长效机制，提高金融消费者的风险意识和自我保护能力。中国人民银行已经开通上海、武汉和西安的金融消费权益保护咨询投诉电话，将来还需要开发网络投诉渠道，畅通数字货币消费的投诉受理渠道，保护金融消费权益。

比特币，是互联网金融领域中区块链技术的典型应用，是数字货币中的典型实践，目前已经引起了社会各界的积极关注。虽然目前比特币发展过程中遇到了各种各样的问题，例如比特币的投资也遇到极大风险，但是比特币已经在社会很多应用领域发挥作用，比如在很多地方已经可以用比特币买咖啡、买网站空间等。相信随着越来越多的人认识比特币，在更多现实交易中能够接受比特币，比特币的应用会越来越广泛。

随着技术的进步和行业的不断规范发展，相信不久的将来，人们将对数字货币本身存在的一些缺陷提出完善的解决方案。随着应用场景的不断扩大，未来数字货币将成为当前信用货币的重要补充，以更加高效、安全、便捷的方式服务于社会需求。

8.3　投资机会

目前，数字货币已经不是投资领域的新生儿，从2008年底已经有十多年的历史了。它伴随着比特币的诞生一路成长到今天，在这个过程中，早期的数字货币投资者取得了巨大的财富，由此带来了一大批追随者，形成了一个特殊的圈层，那就是我们常说的“币圈”。目前，币圈的各种创新不断，各种机会层出不穷，值得我们高度关注。

8.3.1　二级市场投资

由于数字货币是全球自由流动的，我们在二级市场可以直接买卖数字货币，这几乎与我们在A股市场买卖股票类似。投资二级市场，是大多数人参与数字货币投资的常见方式。现在全球有超过500家数字货币交易所，为各类数字货币交易提供7×24小时不间断服务，在二级市场买卖数字货币比我们买卖股票还方便。

在二级市场参与数字货币买卖可以分为两种类型：一类是短线炒作型；另一类则是长线投资型。数字货币可以说是目前所有的投资品类中价格波动最为剧烈的一种，不仅价格波动的幅度大，而且价格波动的频率也相当高。在一个小时内，上下波动20％甚至50％都是相当常见的。这个特性吸引了大量渴望一夜暴富的投机者参与炒作数字货币。要短线炒作某个数字货币最根本的理由就是判断它在接下来极短时间内的价格走向：是上涨还是下跌。这里用于判断未来走势的最重要的武器就是技术分析。技术分析最初流行于股票市场，后来慢慢在期货交易、外汇交易、贵金属交易、数字货币交易等各交易品种中流行起来，并依据各自的交易市场建立了各自的体系。尽管这些体系各有不同，但核心部分都大同小异。

最早在股票交易中，人们出于好奇，对股票投资进行大量的理论探索，通过对股价变化进行长期观察并积累经验，逐步归纳总结出有关股市波动的若干“规律”。这些“规律”经过长期发展和演变，形成了众多门类，其中具有代表性的是道氏理论和波浪理论，以及各种各样的技术指标，比如K线图、移动平均线、MACD、RSI等。而且随着数学和计算机的应用，新的评价指标还在不断地产生。目前，这些指标都可以用在数字货币交易中，用于分析一种代币未来的短期走势。

对技术分析的运用需要操作者经过长期的实战操作积累经验，综合考虑多方面的因素，才能对短期价格的走势进行比较准确的判断。另外，价格波动发生的时间极短，要抓住转瞬即逝的波动必须有一套智能的交易系统让投资者根据自己的判断及时执行相关操作。对于绝大部分投资者而言，要通过短线炒作盈利，是一件极其困难的事情。

长线投资是投资二级市场的另外一种方式，相对比较省时省心，也是我比较喜欢的一种投资方式。在数字货币市场，由于波动快，周期短，所谓的长线通常也就是2～3年为一个投资周期，在这个投资周期中我们对看好的数字货币设定一个自认为可以承受风险的价位，拟定一个投资总额度，当数字货币的价格低于这个价位时，我们坚定地买入持有；当价格高于这个价位时，我们离场观望；当价格涨到疯狂时，我们逐步抛售离场。

相对于短线投资，长线投资对投资者而言不需要太多的技术分析，只需要投资者对未来一年到几年的走势有个大概判断，在这个基础上设定买卖的价位点，然后长期持有即可。对于像比特币这种稀有资产，总体而言未来是持上涨态势的。

长线投资看起来没有太高的门槛，但实际上最大的门槛在于投资者对内对外要有充分的准备。对外找到真正优质的投资标的，对内要克服内心的恐惧与贪婪。对长线投资者而言，当数字货币在低价位运行时，要持续买入。可是在低位时，市场弥漫着恐惧，极有可能今天买入，明天还会跌；明天买入，后天还会跌。每一次买入后看到价格继续下跌，这对投资者而言会产生巨大的心理压力。很多投资者可以承受一次或两次这样的下跌，可以承受 10%、20%的损失。可当市场持续下跌时，投资者账户资产缩水越来越严重、压力越来越大，不少投资者就开始动摇和恐慌，怀疑自己的做法是错误的，然后很有可能纷纷割肉离场。

也许投资者会想：既然它有可能会继续下跌，那我为什么要买？我等到它不下跌了再买不就行了吗？可是，你知道它什么时候不跌吗？我们无法知道的。一旦这样想，投资者可能就会错过低价买入的机会。当行情真正到来时，看到价格一路上扬，我们极有可能后悔、焦躁，在贪婪的心态驱动下盲目追高，进而在牛市高潮时接盘套牢。

克服人性中的“贪婪和恐惧”是长线投资者最大的挑战，一旦成功做到了，我们取得的收益将是极其可观的。另外，我们在做长线投资时，一定要注意用来投资的钱不影响我们的生活，在未来相当长一段时间是不会用到的钱。只有这样，投资才不会给我们带来心理压力，我们才能持续定投。

事实证明，通过投资数字货币赚大钱的，基本都是通过长线投资，大部分都是通过在低价位配置了大量的主流币等优质币种，经历至少一到两个周期以上的人。

8.3.2　一级市场投资

一级市场参与数字货币投资除了可以采用传统的股权投资模式外，还有一种非常创新的模式：ICO/IEO。ICO 即 Initial Coin Offering 是智能合约的重要应用，通过募集 eth、eos 等主流币为投资者兑换自身项目代币。ICO 投资在 2016～2017 年曾风靡世界，是个人投资者低门槛进入数字货币投资最火热的方式之一。当时国内的量子链、小蚁、公信宝等都通过 ICO 募集了大量的资金，同时也给投资者带来了几十、上百倍的收益。因此，在区块链世界里 ICO 的发展越来越火爆，迅速由火热变成癫狂，但由于市场蛮荒，行业缺乏监管，后期有相当多的欺诈项目也掺杂其中，导致无数投资者血本无归。在这种状况下，我国以及世界上大多数发达国家都对 ICO 进行了严格的监管甚至禁止，导致 ICO 越来越少。自 2018 年至今，不受监管的 ICO 融资方式逐渐在区块链投资领域销声匿迹。

现在取而代之的是 IEO，即 Initial Exchange Offerings。IEO 是发源于 2018 年底数字货币交易所上新出现的一种投资方式。这种投资方式是由交易所引进优质的项目，在交易所内公开面向普通投资者发售项目代币，募集资金。

由于 IEO 项目都由交易所筛选，在交易所进行交易，因此相对于 ICO，它相当于交易所用自己的信用对项目质量进行了一次背书和把关。这种方式对小白投资者而言，降低了项目分析评估的难度，且代币的交易流动性好，利于获得优秀的投资收益。2019 年 3 月份以来，IEO 在币安的带领下，迅速风靡各大交易所，获得了大量小白投资者的青睐。然而 IEO 最大的问题是项目额度小，参与人数多，几乎每个项目都只能通过打新抽签的方式，决定投资者是否有资格参与。例如，币安最近一次的 IEO 项目 PERL 中签率更是创造了历史新低，只有 5.46%，而且项目上线后的收益率从两倍跌到只有 50%左右。

参与 IEO，需要把代币存放在交易所，用作打新的资金配置，并且要满足交易所设定的条件。所以如果要参与 IEO，建议只参与头部交易所的 IEO，比如币安、火币、OKEX 等。大平台流量大，相对会安全些。IEO 就是交易平台的流量变现，小平台流量不大就没人会接盘。

8.3.3　币圈理财

在币圈，由于 USDT、BTC、ETH、EOS 等主流币市场规模大、流动性好、使用范围广，因此衍生出了大量的理财机会。

1. 主流币的理财产品方式类似于法定货币理财

在当前，把 USDT、BTC、ETH、EOS 等主流币存放在币安交易所、Fcoin 交易所、Gate. io 交易所、虎符钱包等，可以参与平台提供的各种理财产品。目前，30 天期限的 BTC 理财产品一般为年化 5%～8%的收益率。这对于长线持币者来说，其实也是一笔稳健的收益。

在实际投资过程中，我们选择大的交易所或钱包，尽量选择期限短的理财产品，该类投资的收益相对安全、稳健。

2. 借贷投资类类似于传统金融市场中的借贷

目前，由于主流币的流动性足够好，基于主流币的衍生品交易多，很多币都可以进行抵押借贷。类似传统的银行借贷，在币圈主要有两种借贷方式：一种是 P2P 借贷，通过智能合约平台实现资产的智能抵押借贷。这种 P2P 借贷，类似于我们第 3 章中描述的 P2P 借贷，但是由于基于区块链的智能合约，更加智能、更加安全，钱流动得更快，效率更高。这种 P2P 借贷，唯一的缺点是不稳定，交易的频率低，经常是可遇不可求。另一种是交易所的借贷，主要是交易所内的杠杆交易者提供代币借贷。目前，Gate. io 已经提供了此类借贷，往往可以给到用户 18%左右的投资收益率，但是借贷期限通常为 10 天，时间很长，而且借款人可以随时提前归还，因此参与此类借贷，我们要经常查看贷款是否已经归还，以便重新借出。

3. Staking 理财

目前区块链领域主要有两大共识机制：POW 类（Proof of Work，工作量证明）和 POS 类（Proof of Stake，权益证明）。通俗地说，POW 是指谁的实力强，谁就能挖出更多的币；POS 是指谁的资产多，谁就能挖出更多的币。

Staking 理财就是针对采用 POS 共识的通证，帮助持有人通过质押、投票、委托和锁定等行为获取收益。一般而言，在 POS 代币中，持有的币越多，挖出来的币也越多。一般而言，根据持有通证的不同，目前 POS 币的 Staking 理财年化收益率约为 7%（如 Dash）～150%（如 Livepeer）之间。

在 POS 共识机制下，如果持有人没有选择 Staking，由于代币在不断地增发，其代币的价值会因网络膨胀而贬值。

8.3.4　挖矿投资

了解过 BTC 的朋友，一定都听过挖矿。所谓比特币挖矿是参与比特币网络维护，通过贡献算力获取记账权，并得到相应的奖励。这里的挖矿就是 POW 挖矿。比特币的挖矿实际上是比特币发行的方式，即按劳分配，多劳多得。

随着比特币价值的不断增加，比特币参与用户不断增多，网络规模不断扩大，大量矿工涌入比特币网络挖矿，挖矿算力暴增，导致挖矿难度随之增长，于是出现了专业的矿机和矿池。

矿机是专门用于挖矿（工作量证明计算）的计算机。矿机的特点是通过采用大量的专用挖矿芯片并行计算，运算效率实现远远优于 CPU/GPU 等传统通用芯片的能耗比和计算设备的硬件的性价比。

比特币矿工通过参与竞争记账，获得比特币网络的奖励和交易发起方支付的交易手续费。目前，由于全网算力很高，单个矿工的算力很难挖出比特币，因此单个矿工一般加入某个矿池，参与共同挖矿，按照贡献的算力分摊所获得的收益。矿池的主要职能是通过专用挖矿协议，协调大量的矿工一起挖矿。成功出矿的奖励先支付给矿池，矿池再根据各个矿工的贡献分配收益。矿工在一定时间内能够获得的收益与矿机成本、电力成本、全网算力、自身贡献算力、币价等因素有关。根据 BTC. com 统计，目前排名前三位的矿池分别是 Poolin、F2Pool、BTC. com（2019 年 10 月 16 日数据）。目前，矿池已经占据了比特币挖矿的主要算力，不参加任何矿池的独立算力不到总算力的 2%。

矿工解决了比特币的初始生产和分配，对于比特币网络有重大意义。比特币矿工通过运行比特币算法工具，解决具有一定工作量的证明机制问题，来管理比特币网络、确认交易并且防止双重支付。而且由于哈希运算的不可逆特性，查找到匹配要求的随机调整数非常困难，需要一个可以预计总次数的不断试错过程，在这种情况下工作量证明机制就发挥作用了。而且如果一个节点找到了匹配要求的解，那么这个节点就可以向全网广播这个结果。挖矿节点通过大量的重复尝试，直到它找到的随机调整数使得产生的散列值低于某个特定的目标，就可以产生区块，获得奖励。而且其他节点就可以接收这个新解出来的数据块，并检验这个节点是否匹配相应的规则。一旦全网大部分节点确认了这个数据块，矿工就能获得对应的 BTC 奖励。这就是挖矿投资的本质。

除了比特币的工作量证明挖矿，还有一些以太坊、大零币等都是采用 POW 共识机制，都可以参与投资挖矿，以获得相应的代币奖励。

综上，数字货币是一个新型的事物，确实存在着很多的投资机会，但是由于尚处于发展的初级阶段且有很大的波动性，因此建议在大笔投资之前，先做大量的学习，从 BTC、ETH 等大市值币种入手，然后利用小比例资金逐步尝试，最后再慢慢加仓到自己最大可承受的全部归零的资金体量。

第9章　带你规避投资风险

相信读到这里，一定有朋友还会有疑惑：如果我投资前面的产品，遇到风险，该怎么办？这其实完全可以理解。因为投资毕竟是有风险的，投资的首要前提就是控制风险，保住本金。本章将全面为你解答你所担忧的事情。

在金融科技投资中，防范风险主要从两方面着手：首先评估你所面对的金融科技平台的道德风险。这是控制风险的核心关键所在。这里我们可以采用一级市场中股权投资的方法对拟投资的平台背后的企业进行全面的分析，找出拟投资平台背后的运营企业，把它当成拟准备投资的企业，进行认真、全面的分析。如果在分析的过程中，你发现存在一些风险，不愿意成为该公司的股东，那么我建议你立即远离这个平台。如果你愿意与公司团队一起经营这个平台，那么我们再进入下一步的风险分析。第二步的风险分析，你就可以以平台股东的身份，仔细分析平台上的投资标的、背后的风险到底是什么、公司采取了哪些措施来降低这个风险。你觉得妥当吗？仔细想一想，针对此类产品，你是否有更好的方法防范风险？你认可当前公司的做法吗？如果你不认可或者觉得平台的产品风险很大，建议你立即远离该平台。如果在产品层面，你也认可当前团队的经营思路和风控措施，那么我建议你可以先适当用小资金尝试，体验一下平台的各个操作流程，如果觉得还可以，再逐步加大投资。但是即使如此，我建议你依然可以选择多个平台进行分散投资，同时在实际投资过程中优先选择期限更短的、收益相对更高的标的。所有的一切，都是为了尽量把风险降到最低，即使如此，我们也很难保证 100％的投资安全。这里提醒各位读者务必谨记在心：防范风险是第一位的。

无论如何，投资都是面向未来的。有些风险是我们无法预判的，但是为了明天，我们又不得不投资。因此，我在这里再统一总结一下，让你能够更全面、更深入地了解投资中所面对的风险，解答一下你所担忧的事情，帮助你扫清投资路上的障碍。

9.1　面临的风险

在金融科技投资过程中，我们面临的风险主要有监管风险、技术风险和金融风险。我们首先要规避系统性风险。就目前行业的发展来看，金融科技面临的主要系统性风险来源于监管政策的不确定性和业务的合规性，这是我们首先要关注的系统性风险。在人工智能时代，传统的金融监管体系建设不完善和科技对金融支撑不充分，导致金融科技面临的监管存在不确定性、业务的合规性存在不确定性，这是金融科技投资面临的最大风险。因此，作为一个金融科技投资者，我们要保持时刻关注监管政策的变化。在系统性风险之外，由于金融科技的技术特性，金融科技投资要时刻留心其面临的技术风险、客户信息隐私泄露、黑客攻击等。在数字货币领域还有私钥丢失、密码泄露等风险。同时作为一种金融投资，我们也必然面临着金融性风险。

9.1.1　监管风险

近年来，随着人工智能、大数据技术的快速发展，金融创新不断涌现，新科技的发展改变了固有的金融发展定式，金融科技对传统金融行业的冲击如同重建,互联网上出现泛金融化的现象,并且部分业务游离于传统的监管体系之外,监管部门对于其业务操作和风险把控知之甚少,使信息不对称问题愈发严重。监管者看到的往往是经营者提供的操作界面和最终结果数据,难以看到具体的业务流程,也无法确保最终数据的完备性。同时,随着科技在金融产品中跨界融合,其结构配置和投资选择中采用的算法模型将更为复杂,且多处于“黑匣子”状态。风险的隐蔽性使监管者和客户难以识别,其有效性难以监测和衡量,需要新的监管手段予以干预。

从实际情况来看,当前监管部门对金融科技大多是采取行业自律的办法,在实际运营过程中缺乏有效的、具体的监管措施。金融科技作为一种跨界创新的产物,涉及互联网、人工智能、贷款、证券、基金、股权投资等多种业务形态的全新跨界组合,在传统金融业态下行之有效的分业监管体制在当前金融的大背景下已经不再适用。对互联网金融放松监管以鼓励业务创新还是协调多部门联合监管以规范行业健康发展,一直是一个饱受争议的话题。

从监管者的角度看,面对金融科技的快速发展,在其具体监管措施的选择上,无论是在宏观层面还是在微观层面上也的确存在着难题。在宏观层面上,在互联网金融发展的早期阶段,监管部门对互联网金融的态度是鼓励和支持互联网金融的创新和发展,大量新型业态不断涌现。在微观层面上,互联网金融风险的爆发,监管部门又加大监管力度抑制金融科技创新,出台了互联网金融的专项整治条例。防范金融风险,导致大量的金融科技平台停业整顿甚至关门倒闭,给行业的投资者造成大量的经济损失,因此,国家对于金融科技的发展给予支持和鼓励的同时,同样必须要考虑整个社会总体上的金融稳定。

在金融科技投资过程中,我们必须要及时关注行业监管的政策,一旦发现国家要收紧行业政策,加强行业监管,往往就是行业即将进行调整,风险较大,此时投资往往面临着很大风险。尤其是在调整初期,市场往往反应强烈,风险较大。在目前的市场行情下,行业调整已经进入深水区后,市场呈现大浪淘沙景象,往往风险较小。此时能够在调整中依然稳健运行的金融科技平台,往往具有更强的抗风险能力,更值得我们关注投资。这其实也是巴菲特说过的:“别人恐惧时,我贪婪;别人贪婪时,我恐惧。”

9.1.2　技术风险

金融科技作为依托人工智能、大数据、区块链等技术驱动的金融服务平台,在实际运行过程中必然面临着技术带来的风险。科技越是进步,应用越是便利,其背后支撑的业务系统也就越复杂。业务系统自身的稳定性和可靠性,又是保障金融科技安全稳定运行的关键因素,因此,金融科技面临的技术风险往往不容忽视。各类复杂的硬件系统、软件系统和数据库建设使金融服务的成本降低、效率提升,是其竞争力之所在,但是也随时可能受到病毒入侵、系统服务中断和重要数据泄露等风险的威胁,面临着技术安全、网络安全和数据安全的风险。

首先,技术安全方面。对于金融服务首要的是稳定安全。但在实际业务过程中,我们发现有的机构在未经过严密测试和风险评估的情况下,盲目地追求所谓的颠覆式技术,拔苗助长,急于求成,导致技术选型错位、资源浪费、安全事件频发等问题。特别是对部分尚处于发展初期的新兴技术,通过舆论和资本的过度炒作,可能会令它们沦为市场操纵、投机、诈骗的工具。实践表明,一些号称技术和数据驱动的所谓金融创新,实质上是利用制度规则相对滞后,游走在法律和监管的灰色地带。

再次,网络安全方面。当前网络安全形势异常复杂、严峻,常规攻击持续演变,分布式拒绝服务、高级持续性威胁等攻击手段不断翻新,有组织、大规模的网络攻击时有发生。例如,2014 年 4 月,网络安全协议 OpenSSL 被曝出“心脏出血”高危漏洞,而诸多的互联网金融网站使用的正是 OpenSSL,潜在的风险可想而知。各种网络安全风险,给金融网络安全防护能力提出了更高、更多的挑战。特别需要注意的是,金融科技在推动基础设施和金融服务线上化、开放化的同时也增加了网络安全隐患。在移动网络的条件下,一旦发生风险，有可能牵一发而动全身，将风险因素迅速传染至其他的机构和关联行业，乃至整个地区，甚至可能引发系统性风险。

最后，数据安全方面。随着电子商务条件下购物、支付、理财等网络金融系统的不断丰富，一些机构也积累了海量的客户行为数据和交易数据，但因其信息系统管理水平和应对网络攻击能力未能同步跟上，其数据安全保卫能力不足，存在数据被集中泄露的风险。此外，由于网络数据复制的无限性和低成本以及数字二次利用和传递的隐蔽性，金融科技领域数据过度采集、数据倒卖、一次授权、重复使用的违法违规行为屡见不鲜。

为了保证金融科技行业安全、稳定运行，需要政府、企业和投资者三方共同努力，加大对信息安全技术的投资力度，采用防火墙、数据加密、交易信息确认等多种技术手段，保障用户信息和资金的安全，更好地推动新金融行业健康快速发展。

在金融科技投资过程中，要有一定的技术风险意识，尽量保证自己使用计算机系统安全、可靠，避免发生一些信息丢失、黑客攻击的风险，同时在投资的过程中尽量分散投资。

9.1.3　金融风险

金融科技作为一种新型的金融服务业态，必然要面临金融行业的风险。在当前，互联网金融风险专项整治进入清理整顿阶段，由于互联网金融风险涉众性、交叉性和传染性较强，风险处置过程中可能产生跨机构、跨区域、跨市场的连锁反应。由于当前实体经济下行和金融风险上行时期，中小企业经营更加困难，债务违约的可能性增大，导致互联网金融平台对接的主要资产质量下降，逾期率和不良率上升。同时，普通投资者的情绪和市场预期波动增大，资金流不稳定性提高，使得平台经营压力持续增加。在金融科技平台合规转型的过程中，有一部分从业机构试图继续经营，但因前期存在期限错配、资金池、大额标的等不规范经营行为，导致积累的风险敞口较大，转型难度高，无法平稳退出，部分平台出现倒闭跑路现象，可能引发一定的金融风险。

1. 市场风险

在金融科技投资过程中，市场环境是不断变化的，这也给金融投资造成了一定的市场风险。市场的不确定性，是所有金融投资者都必须面对的风险。通常而言，所有的经济组织以及企业等都是在市场环境下进行生产活动以及经营活动的，但是市场环境是不断变化的，比如政府出台的各项行业政策，或者是宏观经济的增长状况等都会给投资者带来一定的市场风险。

2. 信用风险

所谓信用风险就是金融投资者在投资过程中所要承担的违约风险。从金融投资的本质来看，金融投资实质上就是企业与被投资者之间形成的一种契约，如果对方违背了契约的规定，就会产生信用风险。任何的金融投资都必然面临信用风险，只是风险大小而已。在金融科技投资过程中，由于面临的交易对象不熟悉，往往面临着更高的信用风险。在金融投资活动中，信用风险的产生给投资者带来的损失是非常大的。因此，在金融活动的实际进行过程中，需要对投资者进行必要的风险分析，对其经济组织进行多方面的资信调查，尽量减少信用风险的产生。

3. 经营风险

对于投资者来说，金融投资对象的经营状况也会对金融投资带来一定的风险。在金融投资活动中，不管金融投资的对象是 P2P 债权还是股票基金都会受到被投资者经营状况的影响，进而产生经营风险。比如说，投资者选择一家企业的股票和债券进行投资，如果企业的经营状况良好，则投资风险就会相对较小一些；相反，如果企业的经营状况不好，那么投资风险就会增大。当前的市场竞争日益激烈，企业的经营风险也在不断地扩大，企业短时期内经营良好并不意味着能够长期稳定经营。因此，对于金融投资来说，投资者需要对企业进行全方位的了解，着眼于企业长期的发展状况，谨慎投资。

综上所述，监管风险、技术风险和金融风险是我们投资金融科技面临的三大风险。在投资的过程中，只要我们稍加注意，加强一定的风险意识，大部分风险都是可以规避的。

9.2 应对解决方案

9.2.1 要有风险意识

无论任何投资，我们首先都要有风险意识，努力保证本金安全。近期，随着我国经济结构调整，互联网金融风险整治，风险频发，各种金融投资失败所引发的各种“维权”和“上访”不时见诸报端。一些风险较高的投资产品随着金融创新的发展而逐渐进入百姓生活之中，很多梦想着“一夜暴富”、抱着赌徒心态的人有意无意地“降低”自己的风险意识后，一味地追求高收益，一旦出现亏损，则通过“维权”的方式讨回所有的投资。可是一旦遇到了风险，你就会发现其实能讨回来的概率已经很低很低了。

在实际投资的过程中，一旦拥有了风险意识，你往往会更加理智、更加冷静，自然而然地能规避很多投资“坑”。

9.2.2 要进行分散投资

对大多数投资者来说，分散投资应该是非常熟悉的。在投资领域里，我们经常听到：“不要把所有的鸡蛋放在一个篮子里！”这句话简要而精确地捕捉住了分散投资的特性。实行分散投资的意义就在于通过分散投资降低风险，保证投资者收益的稳定性。因为一旦一个平台不景气时另一个平台的收益还比较稳定，这样各个平台的收益和风险在相互抵消后，仍然能获得较好的投资收益。

在实际投资的过程中，如何进行分散呢？这里我给出常用的 3 个原则。

1. 区域上分散

由于我国地大物博，不同地区之间的经济水平、信用水平差异很大，因为在投资的过程中我们可以根据平台所在地域来分散投资。例如，北京、长三角、珠三角经济发达地区，是投资的首选，主要原因是这些地区的信用体系比较健全，而且大家都比较珍视自己的信用。但同时不建议投资人把资金都投到一个地区。不同地区的政策法规会有所不同，分散地区投资也可以保证一个地区政策发生重大变化，不会影响其他地区的平台。

2. 收益和期限上分散

在投资领域，往往收益和风险成正比，高收益往往伴随着高风险。如果你分散投资的平台收益远远高于这个行业的平均水平，那么往往意味着你面临的风险很高。如果你把资金都集中在高收益领域，就没有起到分散投资的作用。在金融科技领域，为了防范风险，要避免投资高收益的平台。为了控制风险，我们尽量把大部分资金配置在投资收益率为行业平均收益率的平台。当然为了博取高收益，可以将小部分的资金投向可以高于这个行业平均水平的一些平台。

3. 规模分散

由于金融科技平台具有互联网的特性，因此有些平台发展非常迅速。一般来说，平台的规模越大，抗风险能力越强，投资人面临的投资风险越小，但往往也就意味着投资收益率相对较低，因此我们可以根据平台的规模来分散投资。一般情况下，规模较大的平台，比较安全，但是相对来说，收益也略低，为了兼顾收益和风险，可以把资金分散到不同规模的平台。

9.2.3 要做好信息记录

在投资金融科技的过程中，由于所有的操作都是在线完成的，因此投资过程中所涉及的交易信息如合约、凭证等都电子化，如果稍不留神，没有保存下来，后续再次查找起来相当麻烦。如果平台能正常稳健运行，到期按时兑付投资，则交易过程中涉及的合约、凭证等即使没有保存，问题也不大。如果一旦发生风险，无法到期按时兑付，则相关的合约、凭证等就非常重要了，因为这是你掌握的唯一证据。可是一旦平台遇到危险，很多时候连平台网站都打不开，信息便无法查询。因此，建议各位朋友在投资的过程中一定要及时保存好相关的合同、凭证等信息，甚至是一些关键信息的截屏。建议可以用微软的 EXCEL，也可以用在线文档记录好自己的投资。

根据我个人总结的经验，按照交易的日期建立目录，目录下细分为平台子目录，在每个子目录中存放相关的交易信息。这样按照规则保存之后所有的交易记录简洁、清晰，随时可查。

9.2.4 特定银行卡投资

目前在金融科技投资过程中涉及多种业务形态，有宝宝类、互联网保险、互联网基金等相对低风险的投资，有 P2P 网贷、数字货币等中、高风险的投资，无论是风险等级还是业务周期都相差很大，因此我们建议在投资的过程中按照业务类型，分别使用特定的银行进行交易。例如，投资宝宝类产品，可以选择一张我们平时使用的流动性银行卡；对于 P2P 网贷，我们可以专门开立一张新的银行卡进行相关的投资；对于数字货币，我们也可以开立一张新的银行卡进行投资。

对于特定的业务分别使用专一的银行，这样做有两个明显的好处：第一，投资过程简单、清晰。对于中、低风险的业务，我们可以适当地少用精力，对于中、高风险的业务，我们可以适当地增加时间和精力，多看护自身的投资，一旦发现风险，及时采取相关措施。第二，便于对投资收益的统计核算,易于投资复盘。由于按照特定银行进行投资,因而在投资初始本金上就比较容易确定,在后续统计收益时就比较容易统计,避免眉毛胡子一把抓的混乱状态。一旦有了统计,你就会很容易发现哪笔投资是好的,哪笔投资不太好,也能帮助自己更好地提高投资能力。

以上是我在投资过程中总结的一些窍门,总体使用下来简单、有效,希望能够对大家有所帮助。

通过前面的讲解,相信大家能对金融科技有更多的认识,衷心地希望各位朋友抓住互联网的机遇,借助金融科技的力量,实现自身财富的快速积累。

参考文献

[1]丁浩．家庭投资理财策略的分析[J]．财会学习，2017.

[2]郑国强．个人理财观念的修正和理财策略[J]．经营管理者，2017.

[3]艾瑞咨询．2018 中国第三方支付年度数据[R]．2019-04-30.

[4]欧阳卫民．非金融机构支付市场监管的基本原则[J]．中国金融，2011(4).

[5]孙慧杰，钟莉佳，王善莉．人民银行支付平台可为基于网上支付的第三方支付提供坚实的服务和监管支持[J]．支付清算，2011.

[6]刘亚伶．关于跨境电子商务政策的思考[J]．知识经济，2016(4).

[7]徐萌萌．中国跨境电商发展的现状及问题研究——基于阿里巴巴的 SWOT 分析[D]．安徽大学，2016.

[8]任曙明，张静，赵立强．第三方支付产业的内涵、特征与分类[J]．商业研究，2013(3).

[9]李政美．我国 P2P 网贷的风险及控制[J]．中国管理信息化，2016(11).

[10]盛佳，柯斌，杨倩．众筹：传统融资模式颠覆与创新[M]．北京：机械工业出版社，2014.

[11]杜宏滨，石文华．互联网产品众筹的前世今生[J]．中国经贸，2016(15).

[12]马其家，樊富强．我国股权众筹领投融资法律风险防范制度研究[J]．河北法学，2016(9).

[13]刘宪权．互联网金融股权众筹行为刑法规制论[J]. 法商研究，2015(6).

[14]张利霞．"互联网＋"背景下我国股权众筹市场发展研究[J]. 改革与战略，2016(3).

[15]零壹研究院．百变互联网理财[M]. 北京：东方出版社，2015.

[16]中国人民银行．银发〔2015〕221号，关于促进互联网金融健康发展的指导意见[S]，2015.

[17] 黄赞平．互联网金融理财产品的风险与监管建议[J]. 全国流通经济，2018(24).

[18] 马文星．试分析互联网金融背景下理财风险防范[J]. 现代商业，2019(7).

[19] 张宏睿，张璐瑶．互联网金融理财产品发展趋势监管研究[J]. 科技经济导刊，2019(1).

[20]许国辉．我国直销银行的现状分析以及发展趋势[J]. 商情，2015(41).

[21]董玉峰，路振家．我国直销银行发展现状、存在问题及对策建议[J]. 北方金融，2015(2).

[22]陈天南．我国互联网理财产品发展现状分析[J]. 时代金融，2016(36).

[23]张海云．风口上的智能投顾[J]. 投资者报，2017(31).

[24]张舜涵．中国智能投顾业务平台案例分析和发展研究[J]. 全国流通经济，2018(32).

[25]姜海燕，吴长凤．智能投顾的发展现状及监管建议[J]. 证券市场导报，2016(12).

[26]李晴．智能投顾的风险分析及法律规制路径[J]. 南方金融，2017(4).

[27]于文菊．我国智能投顾的发展现状及其法律监管[J]. 海南金融，2017(6).

[28]孙雨婷．我国互联网金融理财法律监管研究[J]. 新经济，2016(3).

[29]李文莉，杨玥捷．智能投顾的法律风险及监管建议[J]. 法学，2017(8).

[30] 张旻，陈兴．刍议大资管背景下的互联网金融监管政策[J]. 新金融，2018(1).

[31]刘春航，廖媛媛等．金融科技对金融稳定的影响及各国应关注的金融科技监管问题[J]. 金融监管研究，2017(9).

[32]李轶．科技金融创新业务模式研究[D]. 浙江大学，2017.

[33]李文红，蒋则沈．金融科技(FinTech)发展与监管：一个监管者的视角[J]. 金融

监管研究,2017(3).

[34]陈秀芬,唐宇石．大数据时代我国互联网保险的现状与发展研究[J]. 改革与战略,2016(6).

[35]余依璇．我国互联网保险的现状和发展路径探索[J]. 金融经济,2017(10).

[36]杨文艳．我国互联网保险发展现状及风险防范[J]. 今日财富,2019(2).

[37]朱健齐,欧誉菡．中国互联网保险产品的创新与发展[J]. 金融理论探索,2018(3).

[38]艾瑞咨询．2019 年中国互联网保险行业研究报告[R],2019.

[39]中国保险行业协会．互联网保险行业发展研究报告[R]. 北京:中国财政经济出版社,2014.

[40]郑瑶,董大勇．区块链对银行业客户信用构建的挑战与机会[J]. 银行家, 2016(7).

[41]宋湘燕,黄珊．区块链技术在商业银行的应用前景[N]. 金融时报,2015-12-21.

[42]赵增奎等．区块链:重塑新金融[M]. 北京:清华大学出版社,2017.

[43]赵增奎．区块链开创国际贸易跨境支付新模式[J]. 企业经济, 2017(9).

[44]赵增奎．以区块链技术推动互联网金融稳健发展研究[J]. 经济纵横,2017(11).

[45]赵增奎．以区块链技术完善我国对外投资监管框架[J]. 武汉金融,2018(11).

[46]中国人民银行广州分行课题组．金融与科技融合模式:国际经验借鉴[J]. 南方金融,2015(3).

[47]严圣阳．我国金融科技发展状况浅析[J]. 金融经济:理论版,2016(11).

[48]李成．金融投资中面临的主要风险以及应对策略探讨[J]. 智富时代,2018(1).

[49]王为华．金融投资风险分析及控制研究[J]. 时代金融,2016(20).